Fabian Otto

Kurzfristige Richtungs-Prognose für den Aktienindex DA

Fabian Otto

Kurzfristige Richtungs-Prognose für den Aktienindex DAX mit Fuzzy-Control

GRIN Verlag

Bibliografische Information der Deutschen Nationalbibliothek: Die Deutsche Bibliothek verzeichnet diese Publikation in der Deutschen Nationalbibliografie; detaillierte bibliografische Daten sind im Internet über http://dnb.d-nb.de/ abrufbar.

1. Auflage 2004
Copyright © 2004 GRIN Verlag
http://www.grin.com/
Druck und Bindung: Books on Demand GmbH, Norderstedt Germany
ISBN 978-3-638-71356-6

HAUSARBEIT

im Fach Wirtschaftsinformatik

an der

Hochschule für Technik, Wirtschaft und Kultur Leipzig (FH)
Fachbereich Wirtschaftswissenschaften

Studiengang Betriebswirtschaft

Thema:

Kurzfristige Richtungs-Prognose für den Aktienindex DAX mit Fuzzy-Control

Eingereicht von: Fabian Otto

Leipzig, 17.03.2004

Inhaltsverzeichnis

Zusammenfassung

Die Grundlage menschlicher Erfahrung ist meist verbales und damit un-
genaues Expertenwissen, welches mit Hilfe der modernen Datenverarbeitung
nur schlecht verarbeitet werden kann. Der Grund ist, dass ein Computer
exakte Eingangsvariablen benötigt, um damit rechnen zu können. Somit war
die Verarbeitung von Expertenwissen mit Hilfe der EDV lange Zeit nicht
zufrieden stellend möglich. Erst die Entwicklung der unscharfen Logik (fuzzy
logic) und der auf ihr aufbauenden Reglungstechnik Fuzzy-Control brachte
die Wende. Mit ihrer Hilfe konnten erstmals ungenaue verbale Begriffe wie
z.B. viel, wenig oder hoch mit dem Computer verarbeitet werden und zur
Regelung technischer Systeme verwendet werden. Das in so genannten
„Wenn ... dann ..." Regeln vorliegende unscharfe Expertenwissen konnte nun
vom Computer verarbeitet werden.

Bisher wurde dieses Verfahren meist nur in der Technik eingesetzt. Anwendungen im wirtschaftlichen Bereich sind selten. Mit dieser Ausarbeitung soll
gezeigt werden, wie sich Fuzzy-Control auch auf wirtschaftlichem Gebiet
einsetzen lässt. Hier ist der Aktienmarkt, der von Natur aus durch Unschärfe
gekennzeichnet ist, Gegenstand der Untersuchung. Mit Fuzzy-Control soll
prognostiziert werden in welche Richtung sich der DAX am nächsten
Handelstag entwickeln wird und untersucht werden inwieweit dies sinnvoll
und praktikabel ist. Dabei wird mit Hilfe von Fuzzy-Control einfachstes
Expertenwissen angewandt und umgesetzt. Die verbal vorl egende Erfahrung
über das Börsengeschehen, die auf Beobachtungen beruht und unscharf,
d.h. nicht exakt ist, wird unter Einsatz von Fuzzy-Control zur Prognose
genutzt.

Im Laufe des Tests konnte überraschender Weise gezeigt werden, dass
einfachste Prognosen mit relativ hoher Treffsicherheit möglich sind, was ein
Anstoß für weitere Untersuchungen sein sollte.

Der Test der aufgestellten Regelbasis und die Durchführung der Prognose
erfolgten mit dem Programm Fuzzy-Control-Manager der F rma TransferTech
GmbH Braunschweig.

Abstract

The basis of human experience often is knowledge of experts which is expressed in spoken words and therefore it is inexactly. Modern data processing can hardly work with it, because a computer needs exact values to calculate with them. That's why the using of the knowledge of experts by computers was not possible satisfyingly for a long time. The development of fuzzy logic and fuzzy control that uses fuzzy logic was the turning point. Inexact and verbal terms like much, little and high could be used by computers because the help of fuzzy control for the first time. They could also be used by computers to control technical systems. It was possible to use inexact knowledge of experts which was expressed in "What ... if" rules by the computer, now.

This procedure was used so far only in technique. Utilizations in business are rare. The use of fuzzy control in business will be shown in this text. The equity market, which is immanently marked with fuzziness, will be analyzed. The direction of the development of the DAX will be prognosticated with fuzzy control for the next trading day. It will be tested whether this is sensible and practical. Simple knowledge of experts is used and transferred by fuzzy control in that procedure. Fuzzy control uses the verbal formulated experience about the equity market for the prognosis. This experience is fuzzy and based on observation.

During the test it could be shown surprisingly that simple prognoses are possible with high exactness. This should be an impulse for further analysis. The program Fuzzy-Control-Manager, developed by TransferTech GmbH in Braunschweig, was used for the test of the rule basis and the prognosis.

1. Einleitung

Fuzzy-Control, die Reglungstechnik der die Fuzzy-Logik zugrunde liegt, ist seit
Anfang der 90er Jahre auch in Deutschland ein Thema der Wissenschaft und
Industrie geworden. Die Japaner entwickelten bereits in den 80er Jahren
anwendungsreife Produkte[1]. Die Fuzzy-Logik fand Anwendung in Waschma-
schinen und Staubsaugern und übertraf dadurch herkömmliche Geräte durch
bessere Funktionalität und Bedienungskomfort[2]. Bei Camcordern konnte das
„Verwackeln" ausgeglichen werden und auch in großtechnischen Anwen-
dungen, wie der automatischen U-Bahn im japanischen Sendai, wurde die
Fuzzy-Logik erfolgreich eingesetzt. Dort ermöglichte sie das völlig ruckfreie
Anfahren und Abbremsen[3].

Die Idee der Fuzzy-Logik wurde bereits 1965 von Lotfi A. Zadeh von der
Universität Berkeley in Kalifornien entwickelt. Die beste Übersetzung für das
englische Wort „fuzzy" (dt. flaumig, fusselig, wuschelig) ist in diesem Zusammenhang „unscharf"[4]. Die Fuzzy-Logik basiert auf unscharfen Mengen („fuzzy
sets"). Die genauso wie ein wuscheliger Wollpullover keine exakte, scharfe
Begrenzung haben. Mit der unscharfen Mathematik und der Fuzzy-Logik
lassen sich nicht nur die exakten Zustände 0 oder 1, wahr oder falsch und ja
oder nein verarbeiten, sondern auch alle möglichen Zustände die genau
zwischen diesen Werten liegen[5]. Daher kennt sie auch Aussagen die „ziemlich"
oder „etwas" wahr sind und entspricht daher eher dem menschlichen Denken
und Vorgehen beim erfahrungsbasierten Arbeiten[6].

Der große Vorteil ist, dass mit Fuzzy-Control solche unscharfen Begriffe vom
Computer verarbeitet werden können. Aus unscharfen Eingangsdaten kann
der Computer unter Verwendung von „Wenn ... dann ..."-Regeln wieder scharfe
Ausgangsdaten erzeugen, um einen Prozess zu steuern oder zu regulieren.
Das von menschlichen Experten über Jahre erlernte unscharfe Erfahrungs-
wissen, das qualitativ bzw. linguistisch formuliert ist, kann so vom Computer

---

[1] Vgl. Altrock, Constantin von: Fuzzy Logic, Band 1 Technologie, München/Wien 1993, S. 8
[2] Vgl. Kiendl, Harro: Fuzzy Control methodenorientiert, München 1997, S. 1
[3] Vgl. Traeger, Dirk H.: Einführung in die Fuzzy Logik, 2. vollständig überarbeitete und erweiterte Auflage, Stuttgart 1994, S. 1
[4] Vgl. Bothe, Hans-Heinrich: Neuro-Fuzzy-Methoden. Einführung in Theorie und Anwendungen, Berlin/Heidelberg 1998, S. 17
[5] Vgl. Traeger, Dirk H.: a.a.O., S. 1
[6] Vgl. Kiendl, Harro: a.a.O., S. 4

verwendet und genutzt werden. Dies wird erreicht, indem menschliche Aus-
drücke durch das Fuzzy-Konzept und unscharfe Mengen auf die physikalisch-
numerische Skala des Computers übertragen werden[7].

Ziel dieser Arbeit ist die Anwendung von Fuzzy-Control Techniken zur Prog-
nose der Entwicklung des DAX für den nächsten Börsenhandelstag. Es soll die
Tendenz, d.h. in welche Richtung sich der DAX entwickeln wird, prognostiziert
werden. Da praktische Anwendungen von Fuzzy-Control auf wirtschaftlichem
Gebiet im Vergleich zu technischen Anwenungen kaum vorhanden sind, soll
hier ein weiteres Anwendungsfeld erschlossen und auf seine Wirksamkeit und
Funktionalität untersucht werden. Dabei wird die kurzfristige Prognose mit
Expertenwissen, d.h. einer menschlichen Prognose, verglichen.

2. Theorie der unscharfen Mathematik

2.1 Unscharfe Mengen

Im Gegensatz zur scharfen Menge der klassischen Mathematik bei der ein
Element eindeutig entweder zu einer Menge gehört oder nicht, gibt es bei der
unscharfen Menge Zwischenstufen. Das Element einer unscharfen Menge
kann dieser auch nur zu einem bestimmten Grad angehören. Die unscharfe
Menge wird durch eine linguistische Variable, d.h. einem umgangssprachlichen
Begriff, wie z.B. groß, klein, hoch oder flach bezeichnet. Als Beispiel kann man
hier die Menge der teuren Autos nennen. Die linguistische Variable bzw. der
Name der Menge ist „teuer"[8]. In diesem Beispiel ist ein Mercedes eher zur
Menge der teuren Autos zu zählen als ein VW. Wo genau aber die Grenze für
ein teures Auto ist, d.h. wo fängt ein teures Auto an und wo hört ein billiges
Auto auf, lässt sich nicht eindeutig sagen und hängt subjektiv vom jeweiligen
Betrachter ab. Genau an diesem Punkt setzt die unscharfe Menge an. Das be-
trachtete Element (hier das Auto) kann einer unscharfen Menge entweder ganz
oder nur zu einem gewissen Grad angehören. Dieser sogenannte Zugehörigkeitsgrad wird als quantitatives Maß dafür verwendet, inwieweit das Element
die Eigenschaften einer unscharfen Menge erfüllt[9]. Der Unterschied zur klassischen, scharfen Mengenlehre besteht darin, dass ein Element einer scharfen

---

[7] Vgl. Grauel, Adolf: Fuzzy-Logik. Einführung in die Grundlagen mit Anwendungen,
Mannheim 1995, S. 1
[8] Vgl. Traeger, Dirk H.: a.a.O., S. 6
[9] Vgl. Traeger, Dirk H.: a.a.O., S. 7

Menge immer alle Eigenschaften zu 100% erfüllt oder gar nicht. Als Symbolik für den Zugehörigkeitsgrad wird der griechische Buchstabe μ verwendet:

$$\mu_A(x) = 0,8$$

bedeutet, dass x einen Zugehörigkeitsgrad von 0,8 bzw. 80% zur Menge A hat. Diese Schreibweise kann auch auf die linguistische Bezeichnung angewendet werden:

$$\mu_{teuer}(\text{Mercedes}) = 0,9 = 90\%$$

$$\mu_{teuer}(\text{VW-Polo}) = 0,1 = 10\%$$

Wie man im Alltag leicht feststellen kann, ist ein Mercedes sicher zu 90% ein teures Auto, wohingegen ein VW-Polo nicht besonders teuer ist.

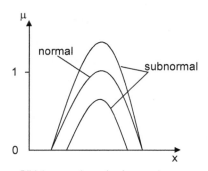

Bild 1: normale und subnormale unscharfe Menge

Liegen die Zugehörigkeitsgrade aller Elemente einer unscharfen Menge zwischen null und eins, dann heißt sie normalisiert oder normal. Alle anderen unscharfen Mengen werden als subnormal bezeichnet. Sie können durch Umrechnung (Division aller Zugehörigkeitsgrade durch den maximalen Zugehörigkeitsgrad) jederzeit in eine normalisierte unscharfe Menge umgewandelt werden[10]. Theoretisch sind auch negative Zugehörigkeitsgrade denkbar, bisher haben sie jedoch kaum praktische Bedeutung gehabt. Für den Praxisteil dieser Arbeit sind sie allerdings von Bedeutung, wie in Kapitel 4 noch gezeigt wird.

2.2 Die Zugehörigkeitsfunktion

Zur Beschreibung und Darstellung von unscharfen Mengen werden Zugehörigkeitsfunktionen verwendet. Beispielsweise haben die Außentemperaturen zwischen 20°C und 30°C für die unscharfe Menge „es ist heiß" unterschiedliche Zugehörigkeitsgrade. Durch die Funktion wird jeder Temperatur ein Wert zwischen 0 und 1 zugeordnet, der ihre Zugehörigkeit zur Menge „es ist heiß" ausdrückt (siehe Bild 2, nächste Seite).

---

[10] Vgl. Mayer, Andreas/Mechler, Bernhard/Schlindwein, Andreas/Wolke, Rainer: Fuzzy Logik. Einführung und Leitfaden zur praktischen Anwendung, Bonn 1993, S. 14 f.

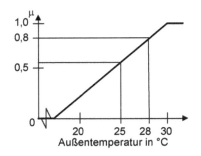 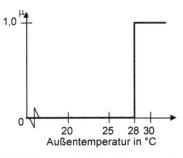

Bild 2: Zugehörigkeitsfunktion der unscharfen Menge "es ist heiß"

Bild 3: Zugehörigkeitsfunktion der scharfen Menge "es ist heiß ab 28°C"

Während eine Temperatur ab 30°C unstrittig als heiß angesehen werden kann
(μ = 1), wird man dies bei 28°C, wenn auch abgestuft (μ = 0,8) ebenfalls
behaupten können. Die Temperatur von 25°C kann dagegen als Grenzfall
betrachtet werden (μ = 0,55). Zum Vergleich zeigt Bild 3 die scharfe Menge „es
ist heiß ab 28°C", bei der jeder positiven Antwort der Wert 1 und jeder negativen Antwort der Wert 0 zugeordnet wird. Hier gibt es keine Zwischenstufen.
Ein Wert von 27,99°C gehört im Gegensatz zu einem Wert von 28,01°C nicht
zu dieser Menge, obwohl vom menschlichen Empfinden kaum ein Unterschied
zwischen beiden Werten festgestellt werden kann.

Aufgrund der Unschärfe lassen sich Terme einer linguistischen Variable durch
Fuzzy-Mengen (unscharfe Mengen) definieren. Jedem Term wird eine Fuzzy-
Menge mit einer bestimmten Zugehörigkeitsfunktion zugeordnet[11]. Der linguistischen Variable „Berghöhe" können z.B. die Terme „sehr niedrig", „niedrig",
„mittel", „hoch" sowie „sehr hoch" zugeordnet werden (siehe Bild 4).

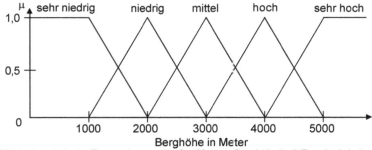

Bild 4: Linguistische Terme der unscharfen Menge „Berghöhe" mit Zugehörigkeitsfunktionen

---

[11] Vgl. Strietzel, Roland: Fuzzy-Regelung, München 1996, S. 12

Mit Hilfe der Definition von Termen durch unscharfe Mengen wird die maschinelle Verarbeitung von linguistischen Variablen ermöglicht. Als Beispiele können dafür Expertensysteme, Zeichenerkennung, Entscheidungstheorie, Steuerung und Regelung genannt werden[12]. Beispiele für verschiedene Zugehörigkeitsfunktionen befinden sich in der Anlage 1.

2.3 Unscharfe Logik

Alle möglichen logischen Verknüpfungen von Aussagen können auf die drei Grundoperationen Negation, UND und ODER zurückgeführt werden. Dies gilt genauso für die Fuzzy-Logik. Sie bedient sich ebenfalls dieser drei Operatoren, die allerdings eine Verallgemeinerung der klassischen Booleschen Operatoren darstellen, da sie Zugehörigkeitsgrade $\mu \in [0,1]$ verarbeiten können müssen[13].

Der UND-Operator für Fuzzy-Mengen wird definiert als Durchschnitt der Flächen unter dem Graphen ihrer Zugehörigkeitsfunktion. Mathematisch wird die Verknüpfung als Minimum gebildet[14] (siehe Bild 5):

$$\mu_{A \text{ UND } B}(x) = \mu_{A \cap B}(x) = \text{MIN} \{\mu_A(x); \mu_B(x)\}.$$

Der ODER-Operator für Fuzzy-Mengen wird definiert als Vereinigung der Flächen unter dem Graphen der Zugehörigkeitsfunktionen. Mathematisch

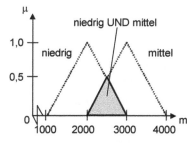

Bild 5: UND-Operator der Fuzzy-Mengen niedrig und mittel der Berghöhe m

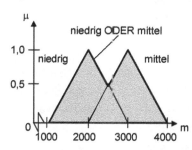

Bild 6: ODER-Operator der Fuzzy-Mengen niedrig und mittel der Berghöhe m

wird die Verknüpfung als Maximum gebildet[15] (siehe Bild 6):

$$\mu_{A \text{ ODER } B}(x) = \mu_{A \cup B}(x) = \text{MAX} \{\mu_A(x); \mu_B(x)\}.$$

---

[12] Vgl. Strietzel, Roland: a.a.O., S. 13
[13] Vgl. Strietzel, Roland: a.a.O., S. 18
[14] Vgl. Kahlert, Jörg/Frank, Hubert: Fuzzy-Logik und Fuzzy Control: Eine anwendungsorientierte Einführung mit Begleitsoftware, Braunschweig/Wiesbaden 1993, S. 21 f.
[15] Vgl. Kahlert, Jörg/Frank, Hubert: a.a.O., S. 22 f.

Die Negation (Komplement) einer unscharfen normierten Menge $\overline{A}$ wird wie folgt gebildet: $\mu_{\overline{A}} = 1 - \mu_A(x)$.

Neben diesen Operatoren gibt es kompensatorische Operatoren, da das „linguistische UND" nicht in allen Fällen dem „logischen UND" entspricht[16]. Oft verwendet der Mensch Verknüpfungen die zwischen UND und ODER liegen[17]. Dazu wurde von Zimmermann und Zysno der Gamma-Operator vorgeschlagen. Durch die Wahl des Parameters γ (siehe Anlage 2) lässt er sich stufenlos zwischen dem „logischen UND" und dem „logischen ODER" an den jeweiligen Kontext anpassen[18]. Der Operator liegt zwischen dem reinen UND (keine Kompensation, beide Eigenschaften müssen erfüllt werden, d.h. beide $\mu > 0$) und dem reinen ODER (volle Kompensation, nur eine Eigenschaft muss erfüllt sein, d.h. mindestens ein $\mu > 0$)[19].

3. Fuzzy-Control

Fuzzy-Control, die unscharfe Reglungstechnik, gliedert sich in drei Bausteine: Fuzzifizierung, Inferenz und Defuzzifizierung (siehe Anlage 3). Die Erklärung wird in Anlehnung an ein Beispiel von Traeger, Dirk H.: a.a.O., S. 80 ff. durchgeführt.

3.1 Fuzzifizierung

Als Fuzzifizierung (Unscharfmachen) wird die eindeutige Zuordnung von scharfen Daten zu Werten linguistischer Variablen und damit zu Fuzzy-Mengen bezeichnet[20]. Exakte Werte werden unscharfen Mengen zugeordnet und deren Zugehörigkeitsgrade bestimmt[21].

Beispielsweise kommt die Fuzzifizierung der Bacewassertemperatur von 32°C zu folgenden Zugehörigkeitsgraden (siehe Anlage 4):

$\mu_{kühl}(32°C) = 0$ $\mu_{warm}(32°C) = 0{,}6$ $\mu_{heiß}(32°C) = 0{,}4$

---

[16] Vgl. Zimmermann, Hans-Jürgen: Fuzzy Technologien: Frinzipien, Werkzeuge, Potentiale, Düsseldorf 1993, S. 18
[17] Vgl. Traeger, Dirk H.: a.a.O., S. 35
[18] Vgl. Mayer, Andreas/Mechler, Bernhard/Schlindwein, Andreas/Wolke, Rainer: a.a.O., S. 44
[19] Vgl. Traeger, Dirk H.: a.a.O., S. 38
[20] Vgl. Strietzel, Roland: a.a.O., S. 65
[21] Vgl. Bothe, Hans-Heinrich: a.a.O., S. 38; Traeger, Dirk H.: a.a.O., S. 80

Die Temperatur von 32°C ist also zu 60% als warm, zu 40% als heiß und überhaupt nicht als kühl (0%) einzustufen. Die somit unscharf gemachten exakten Werte werden im Inferenz-Prozeß verarbeitet.

3.2 Inferenz

Als Inferenz (unscharfes Schließen) bezeichnet man das Ziehen von Schlussfolgerungen auf der Grundlage von Fuzzy-Mengen als Eingangsvariablen mit Hilfe einer Regelbasis[22]. Am Ende dieser Operation stehen die Zugehörigkeitsgrade der Ergebnisteilmengen der Ausgangsgrößen[23].

Die verwendeten Regeln haben folgende Grundstruktur:

WENN <Prämisse 1> UND/ODER/GAMMA <Prämisse 2> UND/ODER/GAMMA <Prämisse 3> ... DANN <Schlussfolgerung>.

Auf das Badewannenbeispiel bezogen könnte eine Regel wie folgt lauten: WENN Badewasser warm ODER Badewasser heiß DANN zulaufendes Wasser kühl.

Bei der Aufstellung der Regeln ist gesunder Menschenverstand gefragt anstatt komplizierter mathematischer Modelle[24]. Somit kann vorhandenes Erfahrungs- und Expertenwissen mit Fuzzy-Control durch den Computer verstanden und umgesetzt werden.

Werden mehrere Prämissen verwendet, werden die einzelnen Zugehörigkeitsgrade nach den Regeln der unscharfen Logik (siehe Punkt 2.3) miteinander verbunden (siehe Anlage 4).

Es werden mehrere Inferenzmethoden unterschieden. Hier sollen kurz die Max/Min-Methode und die Max/Prod-Methode vorgestellt werden.

Die Zugehörigkeitsfunktionen der einzelnen unscharfen Mengen der Ausgangs- bzw. Ergebnisgrößen werden bei der Max/Min-Methode in Höhe des jeweiligen Zugehörigkeitsgrades (der sich aus der Verknüpfung der einzelnen Prämissen der Regeln mit dem jeweiligen Operator ergibt) abgeschnitten. Bei der Max/Prod-Methode wird der jeweilige Wert des Zugehörigkeitsgrades mit der Zugehörigkeitsfunktion der unscharfen Mengen der Ausgangs- bzw. Ergebnisgrößen multipliziert. Die so entstehenden Teilflächen werden zur Ergebnis-

---

[22] Vgl. Strietzel, Roland: a.a.O., S. 48
[23] Vgl. Traeger, Dirk H.: a.a.O., S. 86
[24] Vgl. Traeger, Dirk H.: a.a.O., S. 87

fläche zusammengefasst (siehe Anlage 5)[25]. Aus dieser Fläche wird die konkrete Temperatur des zulaufenden Wassers, d.h. der konkrete exakte Ausgangszahlenwert, der einzustellen ist, bei der Defuzzifizierung ermittelt[26].

3.3 Defuzzifizierung

Die Defuzzifizierung ist die Rücktransformation des unscharfen Inferenzergebnisses in eine scharfe Stellgröße[27]. Zur Defuzzifizierung der Ergebnisflächen der Inferenz kann u.a. die Methode „Mean of Maximum" und die Schwerpunktmethode („Center of Gravity") verwendet werden[28].

Beim „Mean of Maximum" wird der Wert der x-Achse unter der Mitte des Maximalwertes der Ergebnismenge und bei der Schwerpunktmethode der Wert der x-Achse des Flächenschwerpunktes der Ergebnismenge als Wert für die Ausgangsgröße verwendet (siehe Anlage 6)[29].

4. Prognose der DAX-Entwicklung mit dem Fuzzy-Control-Manager

4.1 Der Deutsche Aktienindex

Der Deutsche Aktienindex (DAX) ist der Index für die deutschen Standardwerte und kann als Indikator für die Entwicklung des deutschen Aktienmarktes bezeichnet werden (siehe Anlage 7)[30]. Er wurde von der Deutschen Börse AG 1988 eingeführt und misst die Wertentwicklung der nach Freefloat-Marktkapitalisierung und Orderbuchumsatz 30 größten deutschen börsennotierten Unternehmen des Prime Standard (siehe Anlage 8)[31]. Damit deckt er mehr als 80%[32] der Marktkapitalisierung des deutschen Aktienmarktes ab. Er ist somit der Leitindex für Deutschland und spiegelt die Marktsituation an der Frankfurter Wertpapierbörse wieder.

---

[25] Vgl. Traeger, Dirk H.: a.a.O., S. 93 ff.
[26] Vgl. Traeger, Dirk H.: a.a.O., S. 96
[27] Vgl. Zimmermann, Hans-Jürgen: a.a.O., S. 99
[28] Vgl. Zimmermann, Hans-Jürgen: Neuro + Fuzzy, Düsseldorf 1995, S. 16
[29] Vgl. Traeger, Dirk H.: a.a.O., S. 104 f.
[30] Vgl. Geck, Rolf: Börsenindizes als Stimmungsbarometer, in Frei, Norbert/ Schlienkamp, Christoph (Hrsg.): Aktie im Aufwind. Von der Kursprognose zum Shareholder Value, Wiesbaden 1998, S. 71
[31] Vgl. http://deutsche-boerse.com/dbag/dispatch/s/C62B4DD92DE1ED07D178928 6A91E2C5D/de/isg/gdb_navigation/home?module=InOverview_Index&wp=DE0008469008&foldertype=_Index&wplist=DE0008469008&active=overview&view= (21.01.2004)
[32] Vgl. http://www.germanycash.de/index.html?boerse/dax.html (21.01.2004)

Der DAX wird, wie alle Indizes der Deutschen Börse AG (siehe Anlage 9), nach der Indexformel von Laspeyres berechnet (siehe Anlage 10 und 11). Die Berechnung basiert auf den Kursen des elektronischen Handelssystems Xetra in der Zeit von 9.00 Uhr bis 17.30 Uhr[33]. Den DAX gibt es als Kurs- und als Performance-Index. Der Unterschied zwischen beiden Arten des Index ist, dass beim Performanceindex die laufenden Dividendenerträge der Aktien mit in den Index einberechnet werden, während beim Kursindex des nicht geschieht. Der Performanceindex spiegelt daher die Wertentwicklung eines DAX-Aktienportfolios wieder, während der Kursindex nur die reine Kursentwicklung zeigt. Der Performanceindex, der aus diesem Grund immer einen höheren Punktestand hat als der Kursindex, ist der Index der für diese Arbeit untersucht wird und der in der Öffentlichkeit auch allgemein als „der DAX" bekannt ist.

4.2 Kurzfristige Einflussgrößen auf die Entwicklung des DAX

Da der DAX die Summe der Kursentwicklung seiner Mitglieder abbildet, sind auch die Einflussgrößen auf seine Entwicklung die gleichen die für Aktien gelten.

Das Vorhersagen von Aktienkursen ist eine der schwierigsten Angelegenheiten überhaupt. Es wird von vielen versucht, doch ein Patentrezept oder genaue Regeln gibt es nicht. Einige Autoren sprechen sogar vom Chaos an der Börse[34]. Aktienkurse werden beeinflusst vom Unternehmen an sich (aktuelle Marktbewertung, Über- oder Unterbewertung im Vergleich zu einzelnen Wettbewerbern oder der gesamten Branche, Zukunftsaussichten der Branche/des Marktes, Gewinnerwartungen des Unternehmens und der Marktteilnehmer) aber auch vom allgemeinem Marktumfeld. Dazu zählt das aktuelle Marktzinsniveau[35] und die allgemeine Börsen- und Nachrichtensituation[36]. Die Nachrichtensituation hat einen wesentlichen Anteil an der Kursentwicklung. Da heutzutage durch die Medien Informationen, vor allem aus dem Investor

---

[33] Vgl. http://deutsche-boerse.com/dbag/dispatch/s/C62B4DD92DE1ED07D178928
6A91E2C5D/de/isg/gdb_navigation/home?module=InOverview_Index&wp=DE0008469008&f
oldertype=_Index&wplist=DE0008469008&active=overview&view= (21.01.2004)
[34] Vgl. Mross, Michael: Der Umgang mit Prognosen und Vorhersagen – Gedanken und Thesen
zum Chaos an der Börse, in: Frei, Norbert/Schlienkamp, Christoph (Hrsg.) Aktie im Aufwind.
Von der Kursprognose zum Shareholder Value, Wiesbaden 1998, S. 3 f.
[35] Vgl. Zapotocky, Stefan.: Eigengeschäfte mit Wertpapieren, in: Hagen, J./Stein, J. H.
(Hrsg.): Obst/Hintner Geld-, Bank- und Börsenwesen, 40. Auflage, Stuttgart 2000, S. 1085
[36] Vgl. Zapotocky, Stefan.: a.a.O., S. 1087 f.

Relations - Bereich, sehr schnell verbreitet werden, um die Informations-
asymmetrie zwischen Management und Investor zu verringern[37]. Zum
unberechenbarsten Element an den Börsen zählt aber die Psychologie. Denn
alle Marktteilnehmer sind Menschen mit ihren Stärken und Schwächen. Dies
zeigt sich am besten in den Übertreibungsphasen nach oben wie nach unten
sowie in den verschiedenen Phasen der Gefühlslagen des Aktienanlegers[38].
In ein Fuzzy-Regel-System können daher nicht alle Einflussgrößen aufgenom-
men werden. Vielmehr ist es sinnvoll eine Beschränkung auf die wichtigsten
kurzfristigen Einflussfaktoren vorzunehmen. Dafür eignen sich besonders die
Vorgaben aus den USA. Verfolgt man intensiv die Börsenberichterstattung so
fällt schnell auf, dass sich der deutsche Aktienmarkt oft an den beiden wichtigsten und größten Börsen der Welt der New York Stock Exchange (NYSE) und
der Nasdaq orientieren. D.h. der DAX richtet sich danach, wie die Entwicklung
in den USA am letzten Handelstag war und in genau diese Richtung tendiert er
dann auch zum Handelsstart. Ebenso hat die Handelsentwicklung an der
Börse von Tokyo einen Einfluß. Alle wichtigen oben genannten Einflussgrößen
sind durch die Marktentwicklung, die die Indizes wiederspiegeln, erfasst und in
den Kursen enthalten und stellen daher eine Vorgabe für den DAX dar. Sind
die amerikanischen Börsen einmal geschlossen, z.B. aufgrund eines Feier-
tages, dann fehlt für den DAX oft der richtige Impuls und es lässt sich ein
uneinheitlicher, abwartender und umsatzschwacher Handel feststellen, bei
dem meist nicht viel passiert.

Aus diesen Überlegungen heraus sollen auf der Seite der Indexvorgaben für
die USA die jeweilige prozentuale Entwicklung des Dow Jones Industrial
Average Index und des Nasdaq Composite Index sowie für Japan der Nikkei
225 Stock Average Index verwendet werden. Der Dow Jones ist der Leitindex
für die NYSE und beinhaltet 30 Werte u.a. Microsoft, Intel und Coca Cola. Er
hat eine Leitfunktion für alle übrigen Aktienmärkte. Durch empirische Untersuchungen wurde festgestellt, dass 80% der Entwicklung des DAX durch den
Dow Jones erklärt wird[39]. Deswegen spricht man oft von den positiven oder
negativen Vorgaben von der Wall Street[40]. Der Nasdaq Composite ist der

---

[37] Vgl. Täubert, Anne: Unternehmenspublizität und Investor Relations. Analyse von
Auswirkungen der Medienberichterstattung auf Aktienkurse, Münster 1998, S. 14 ff.
[38] Vgl. Klöckner, Bernd W.: Gewinnen mit Aktien, Niedernhausen/Ts. 1999, S. 57
[39] Vgl. Geck, Rolf.: a.a.O., S. 78
[40] Vgl. Geck, Rofl.: a.a.O., S. 78

Index aller über 3000 Aktien der Technologie-Börse Nasdaq[41]. Er gibt somit die Gesamtmarktentwicklung im Technologiesektor wieder. Der Nikkei 225, der 225 Unternehmen beinhaltet, ist Japans am meisten beachteter Index[42] und kann daher als Indikator für den japanischen Aktienmarkt gesehen werden. Eine weitere Einflussgröße für die Entwicklung des DAX ist die aktuelle Nachrichtenlage. Sie ist abhängig davon ob Unternehmen am jeweiligen Handelstag Quartalszahlen berichten oder ob wichtige Konjunkturzahlen veröffentlicht werden. Die Kursreaktion hängt auch davon ab wie die Zahlen von den Investoren erwartet werden. Häufig lässt sich im Vorfeld solcher Zahlen eine abwartende Haltung der Investoren feststellen, die bevor sie nicht die genauen Zahlen kennen, dem Aktienmarkt fernbleiben. Dies führt wiederum zu einem umsatzschwachen Börsenhandel. Sind die entsprechenden Daten dann veröffentlicht stellt sich die Reaktion der Investoren sehr schnell ein und der Markt bzw. der DAX läuft dann in die entsprechende Richtung, je nachdem ob die Mehrheit der Handelsteilnehmer sie als positiv oder negativ empfindet.

Als dritter wesentlicher Einflussfaktor ist die Entwicklung des Euros gegenüber dem US-Dollar zu sehen. Weil ein Großteil der Unternehmen des DAX (vor allem die Automobil-, Chemie- und Pharma-Branche) sehr stark exportorientiert ist, hat die Währungsrelation einen direkten Einfluss auf deren Ergebnisse, da wesentliche Wechselkursänderungen die Gewinne entweder schmälern oder steigen lassen können. Tendenziell sorgt daher ein steigender Euro für einen fallenden DAX und umgekehrt. Der Grund liegt in der Tatsache, dass durch einen steigenden Euro deutsche Produkte im Ausland teurer werden und die Investoren Umsatzrückgänge erwarten werden. Außerdem fällt dadurch der Euro-Wert von im Ausland verdienten Dollar-Gewinnen bei der Bilanzierung in Euro, was letztendlich aufgrund verringerter Gewinnerwartungen negativ bewertet wird.

4.3 Verwendete Zugehörigkeitsfunktionen und Regeln

Zum Test der Prognosegenauigkeit und der Vergleichbarkeit von verschiedenen Varianten von Fuzzy-Reglern wurden verschiedene Fuzzy-Control-Projekte modelliert und mit verschiedenen Regeln und Zugehörigkeitsfunk-

---

[41] Vgl. http://dynamic.nasdaq.com/reference/Comp_Eligibility_Criteria.stm (23.01.2004)
[42] Vgl. http://www.nni.nikkei.co.jp/FR/SERV/nikkei_indexes/nifaq225.html#gen1 (23.01.2004)

tionen versehen. Im anschließenden Test wurde ermittelt welche r Regler die genausten Ergebnisse liefert. Die verschiedenen getesteten Fuzzy-Control-Projekte werden im Folgenden erläutert.

4.3.1 Fuzzy-Regler A – nur Index-Vorgaben

Für dieses Projekt wurden nur die Vorgaben der Indizes Dow Jones, Nasdaq und Nikkei 225 verwendet. Bild 7 zeigt die Hierarchieebenen des Fuzzy-Reglers. Zuerst werden die amerikanischen Vorgaben des Dow Jones und des

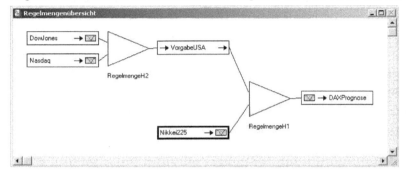

Bild 7: Struktur des Fuzzy-Reglers A - Nur Index-Vorgaben

Nasdaq unter Verwendung der Regelmenge H2 zur Zwischenvariable Vorgabe-USA zusammengefasst. Die Vorgabe-USA wird danach unter Verwendung der Regelmenge H1 mit dem Nikkei 225 verbunden und ergibt dann die Vorhersage für den DAX. Durch die Verwendung von Zwischenvariablen können im FCM Kriterienhierarchien gebildet werden, wodurch mehrere Regelmengen hintereinander geschaltet werden können. Dies führt auch zu einer Verringerung der Komplexität bei der Regelerstellung, da somit verhindert wird, dass auf einer Ebene viele Eingangsvariablen zusammentreffen, die das sinnvolle Bilden von Regeln unmöglich machen. Bei vier Eingangsvariablen mit jeweils fünf linguisti schen Termen können bereits $5^4 = 625$ Regeln entstehen[43].

Für die Zugehörigkeitsfunktionen der Index-Vorgaben wurden jeweils fünf linguistische Terme verwendet, die den prozentualen Gewinn oder Verlust des Index gegenüber dem Vortag angeben (siehe Bild 8, nächste Seite).

---

[43] Vgl. Strietzel, Roland.: a.a.O., S. 43 f.

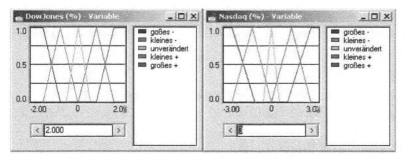

Bild 8: Zugehörigkeitsfunktionen für die Eingangsvariablen der Regelmenge H2 (RA)

Dabei wurde berücksichtigt dass der Nasdaq viel volatiler ist und daher grössere Veränderungen möglich sind als beim Dow Jones. Deswegen beginnt beispielsweise ein „großes +" beim Nasdaq erst bei +1,00%, während die entsprechende Funktion beim Dow Jones schon bei +0,75% startet.

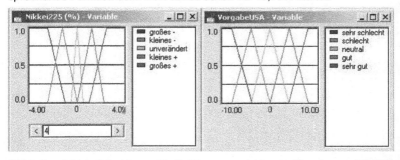

Bild 9: Zugehörigkeitsfunktionen für die Eingangsvariablen der Regelmenge H1 (RA)

Die für die Zwischenvariable Vorgabe-USA und die Variable Nikkei 225 verwendeten Zugehörigkeitsfunktionen zeigt Bild 9. Genauso wie für die

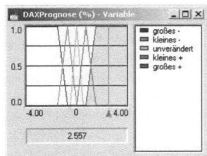

Bild 10: Zugehörigkeitsfunktion für die DAX-Prognose (Regler A)

Eingangsvariablen wurden für die Zwischenvariable (Vorgabe-USA) ebenfalls fünf linguistische Terme verwendet. Die zur Bildung der Vorgabe-USA verwendete Regelmenge H2 enthält 13 Regeln und befindet sich in Anlage 12. Bild 10 zeigt die Zugehörigkeitsfunktion für die DAX-Prognose. Aus der Zusammenführung der Zwischenvariable

Vorgabe-USA und dem Nikkei 225 ergibt sich unter Verwendung der 21 Regeln der Regelmenge H1 (siehe Anlage 12) die Richtungsvorhersage für den DAX.

4.3.2 Fuzzy-Regler B – nur Index-Vorgaben (weniger Terme)

Der Fuzzy-Regler B hat genau die gleiche Hierarchie wie der Fuzzy-Regler A (siehe Bild 7). Die Unterschiede bestehen nur in den Zugehörigkeitsfunktionen

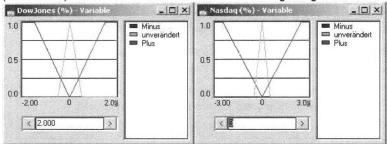

Bild 11: Zugehörigkeitsfunktion für die Eingangsvariablen der Regelmenge H2 (RB)

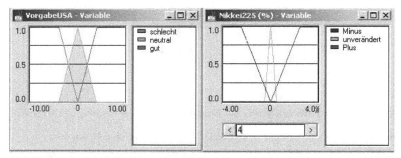

Bild 12: Zugehörigkeitsfunktionen für die Eingangsvariablen der Regelmenge H1 (RB)

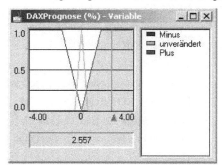

Bild 13: Zugehörigkeitsfunktion für die
DAX-Prognose (Regler B)

der Eingangsvariablen (siehe Bild 11, 12) und der Prognose (siehe Bild 13). Sie wurden im Gegensatz zum Regler A vereinfacht. Statt wie im Regler A fünf linguistische Terme zu verwenden wurden nun nur noch drei linguistische Terme für die Indizes (Minus, unverändert, Plus) und ebenfalls drei für die

14

Zwischenvariable USA-Vorgabe (schlecht, neutral, gut) verwendet. Da lediglich eine Richtungsprognose für den DAX vorgenommen wird, erscheint die Unterteilung in die drei möglichen Richtungen als ausreichend. Durch die Reduzierung der Terme verringern sich auch die Kombinationsmöglichkeiten bei der Regelbildung, was letztendlich zu einer besseren Überschaubarkeit führt. Wenige überschaubare Regeln lassen sich einfacher erstellen und nachvollziehen. Die Menge der verwendeten Regeln wurde für die Regelmenge H2 von 13 auf 5 und für die Regelmenge H1 von 21 auf 9 reduziert (siehe Anlage 13).

4.3.3 Fuzzy-Regler C – Index-Vorgaben (weniger Terme) – mit Euro

Der Fuzzy-Regler C hat einen ähnlichen Aufbau wie der Fuzzy-Regler B. Auf der Hierarchie der Regelmenge H1 kommt noch der Euro als vierte Eingangs-

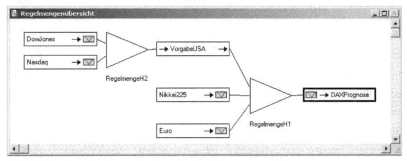

Bild 14: Struktur des Fuzzy-Reglers C Index-Vorgaben und Euro

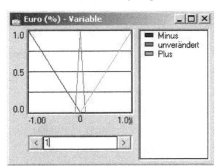

Bild 15: Zugehörigkeitsfunktion für die Eingangsvariable Euro (Regler C)

variable hinzu (siehe Bild 14). Auch beim Euro wird mittels der Zugehörigkeitsfunktion die prozentuale Entwicklung im Vergleich zum Vortag fuzzifiziert und im Inferenzprozeß verarbeitet (siehe Bild 15). Für alle anderen Variablen sind die Zugehörigkeitsfunktionen wie beim Fuzzy-Regler B gewählt worden. Die Anzahl der Regeln in der Regelmenge H1 hat sich durch die Erhöhung der Variablenanzahl ebenfalls erhöht. Es sind hier 17 Regeln (siehe Anlage 14).

4.4 Ablauf der Prognose mit den Fuzzy-Reglern

Der Ablauf der DAX-Prognose ist für jeden Fuzzy-Regler gleich. Im Zeitraum vom 27.10.2003 bis zum 09.03.2004 wurden die Fuzzy-Regler an jedem deutschen Handelstag getestet und eine Prognose für den DAX am Morgen vor Handelsbeginn durchgeführt. Bevor der Handel 9.00 Uhr in Deutschland beginnt, wurden die Daten des letzten Handelstages in den Fuzzy-Control-Manager eingegeben. Dies sind jeweils die prozentuale Veränderung des Dow Jones, Nasdaq, Nikkei und ggf. des Euros gegenüber dem Vortag. Die Eingaben werden für jeden der drei Fuzzy-Regler vorgenommen. Das Ergebnis des Fuzzy-Control-Prozesses ist eine positive oder negative reelle Zahl, die den prognostizierten prozentualen Anstieg des DAX angibt. Von Bedeutung ist dabei nur die Richtung, d.h. ob es sich um eine positive oder negative Zahl handelt, da eine punktgenaue Prognose des DAX-Anstiegs illusorisch ist. Die errechnete Zahl gibt die Richtung an, in die sich der DAX am jeweiligen Handelstag bis 12.00 Uhr mittags entwickeln wird. Das bedeutet, der Termin für den Vergleich ob die Prognose richtig oder falsch war, ist auf 12.00 Uhr Mittags festgelegt worden. Die DAX-Prognose des Fuzzy-Control-Managers wird außerdem verglichen mit der ebenfalls vor 9.00 Uhr festgelegten Expertenprognose des Autors.

Als Fixpunkt für die Kontrolle ob die Prognose richtig war oder nicht wurde die Mittagszeit gewählt. Der Hauptgrund ist, dass bis dahin alle Vorgaben von anderen Börsen von den Marktteilnehmern verarbeitet wurden und in den Kursen enthalten sind. Außerdem machen die amerikanischen Börsen erst 15.30 Uhr MEZ auf, d.h. es kommen bis 12.00 Uhr keine neuen Einflüsse aus Amerika nach Deutschland. Auch die Börse in Japan hat geschlossen, so dass sie ebenfalls keine neuen Impulse liefern kann.

Die Wertetabelle 1 mit den Eingangsdaten und den Prognosewerten des Fuzzy-Reglers befindet sich in Anlage 15. Dabei stehen in einer Zeile jeweils die Vorgaben der anderen Börsen für den aktuellen Handelstag, der in der ersten Spalte genannt wird. Dies hat zur Folge, dass in den Spalten für den DAX (erste Nennung), Dow Jones, Nasdaq, Nikkei 225 und Euro jeweils der Schlusskurs des letzten Handelstages steht. Während die Spalten für den DAX (zweite Nennung) und die Prognosen sich auf das Datum, das in der ersten Spalte der jeweiligen Zeile genannt wird, beziehen.

5 Auswertung des Tests

5.1 Die Prognosegenauigkeit der Fuzzy-Regler

Insgesamt wurden 92 Handelstage untersucht. Von den drei Fuzzy-Reglern lieferte der Regler B das beste Ergebnis. In 75% der Fälle (an 69 Handelstagen) stimmte die prognostizierte Richtung für die Entwicklung des DAX mit der tatsächlichen Richtung bis 12.00 Uhr mittags überein. Das zweitbeste Ergebnis wurde mit dem Regler A erzielt, der genau den gleichen Aufbau wie Regler B hat, jedoch über fünf statt drei linguistische Terme verfügt und deswegen mehr Regeln enthält. Er lieferte in 74% der Fälle (an 68 Handelstagen) die richtige Prognose. Hier zeigt sich, dass durch eine Vereinfachung des Reglers mit weniger Termen und Regeln eine marginale Verbesserung erzielt werden konnte. Den dritten Platz belegte der Autor mit seiner eigenen Prognose. In 70% der Fälle (an 64 Handelstagen) lag seine Prognose richtig. Das schlechteste Ergebnis lieferte der Regler C, der zusätzlich zu den Indexvorgaben die Entwicklung des Euros berücksichtigte. Er lag in 61% der Fälle (an 56 Handelstagen) mit seiner Prognose richtig. Die Berücksichtigung der kurzfristigen Entwicklung des Euros als weitere Einflussgröße auf den DAX hat keine Verbesserung der Prognosegenauigkeit ergeben, sondern nur eine Verschlechterung.

5.2 Konnte man mit der Prognose tatsächlich Geld verdienen?

Um diese Frage zu beantworten wurde das vorliegende Datenmaterial in der Wertetabelle 2 (siehe Anlage 16) untersucht. Dazu wurde die Differenz des DAX zwischen dem Eröffnungskurs und dem Kurs 12.00 Uhr bestimmt. Nur wenn die Richtung dieser Differenz mit der Prognose übereinstimmte wurde dies als positive Prognose gewertet. Damit wurde der Fall ausgeschlossen, dass eine Prognose als richtig gewertet wurde, wenn der DAX mittags im Plus war, tatsächlich von früh bis mittags sich dieses Plus aber verringert hat. In einem solchen Fall hätte der Anleger beim Vertrauen auf die Prognose Geld verloren. Dieser Fall resultiert aus der Tatsache, dass bei der obigen Betrachtung immer die Differenz des DAX zum Schlusskurs des Vortages und nicht zum Eröffnungskurs des laufenden Handelstages, an dem ein Anleger erstmals hätte kaufen können, untersucht wurde.

Die Betrachtung erfolgte dabei unabhängig von spezifischen Finanzprodukten (z.B. Turbo-Optionsscheine) mit denen man die Spekulation durchführen müsste. Da sich diese Produkte in ihrer Ausgestaltung stark unterscheiden (z.B. Basispreis, Hebel, Restlaufzeit) wurde der Gewinn in DAX-Punkten ausgedrückt. Bei jeder Übereinstimmung der Prognose (nach oben wie nach unten) mit der tatsächlichen Differenz des DAX unabhängig von der prozentualen Veränderung des DAX gegenüber dem Vortag, wurde der Gewinn in DAX-Punkten angegeben

Die Auswertung ergab ein zum obigen Ergebnis abweichendes Resultat. Prozentual konnte mit der Expertenmeinung des Autors an den meisten Tagen (in 67% der Fälle) Geld verdient werden, gefolgt vom Regler A (66%), dem Regler B (65%) und dem Regler C (61%). Betrachtet man den absoluten Gewinn in DAX-Punkten lagen Regler A und C mit 1021 Punkten an erster Stelle, gefolgt vom Autor (929 Punkte) und Regler B (921 Punkte).

Die letzte Spalte der Wertetabelle 2 in Anlage 16 gibt zum Vergleich das Ergebnis der Prognose „Wenn der DAX früh im Plus ist, steigt er und wenn er früh im Minus ist wird er fallen." an. Dieses Verfahren lieferte allerdings das schlechteste Ergebnis (60% / 755 Punkte) aller Prognosen.

5.3 Kritische Beurteilung und Ansatzpunkte zur weiteren Untersuchung

Mit 75% Treffergenauigkeit lieferte der Fuzzy-Regler B ein beeindruckendes Ergebnis und übertraf sogar die Genauigkeit der Prognose des Autors, die bei 70% Treffergenauigkeit lag. Dennoch konnte nur in 66% der Fälle (Fuzzy-Regler A) tatsächlich Geld verdient werden.

Es stellt sich die Frage ob man die Fuzzy-Control-Technik wirklich für eine solche Prognose braucht, oder ob man mit einer einzigen langen „Wenn ... dann ..." Regel zum gleichen oder vielleicht noch besseren Ergebnis kommt. Aus Sicht des Autors ist diese Frage zu verneinen. Eine einzige Regel reicht nicht aus um die Prognose durchzuführen. Dies zeigt schon, dass die Prognosegenauigkeit des Autors insgesamt schlechter als die des Fuzzy-Reglers B war. Der Autor prognostizierte mit genau den gleichen Regeln wie der Fuzzy-Regler, da er die Regeln festgelegt und im Fuzzy-Control-Manager eingegeben hat. Der Unterschied ergibt sich durch die Genauigkeit der maschinellen Verarbeitung dieser Regeln. Durch Fuzzy-Control wurde in jedem Fall, d.h. auch bei gleichen Eingabedaten immer der gleiche Inferenz-Prozeß durchlaufen und somit immer nach dem gleichen Schema die Prognose ermittelt. Für die Prognose des Autors kann das nicht bestätigt werden, da seine Prognose im Grunde auf den gleichen Regeln basiert, diese aber nicht 1:1 bei jeder Prognose gleich angewendet werden. 14 verschiedene Regeln kann im Kopf wohl kaum jemand behalten und dann immer in der gleichen Weise anwenden. Ein gewisses Maß an Bauchentscheidung, Intuition und Subjektivität spielt bei jeder menschlichen Prognose eine Rolle. Weiterhin bleibt festzuhalten, dass die in den Regelmengen enthaltenen Hierarchien von der menschlichen Prognose schwer exakt nachgebildet werden können.

Als weiterer Untersuchungspunkt ist zu überprüfen ob die in diesem Test erstellten Regeln auch in anderen Börsenphasen, z.B. in einer Periode anhaltend fallender Kurse, funktionieren. Der Testzeitraum war von einem guten Börsenumfeld gekennzeichnet, was dazu führte dass alle betrachteten Indizes im Beobachtungszeitraum angestiegen sind (siehe Anlage 17). Außerdem wurde vom Autor festgestellt, dass in letzter Zeit trotz schlechter US-Vorgaben ein sehr positiver Nikkei 225 den DAX trotzdem ins Plus „gezogen" hat. Dieser Zusammenhang kann kurzfristiger Zufall sein und muss sich nicht auf Dauer wiederholen. In die vorliegenden Fuzzy-Regler wurde er aber einbezogen. Es ist daher zu überprüfen ob dieser Zusammenhang auch in Zukunft Bestand hat, ansonsten sollten die entsprechenden Regeln wieder entfernt werden.

Bei späteren Untersuchungen könnte versucht werden, die aktuelle Nachrichtenlage in die Prognose einzubeziehen. Wie im vorigen Kapitel erwähnt, ist sie ein wichtiger Einflussfaktor auf die Entwicklung des DAX. Dem Autor ist es bei seinen Untersuchungen nicht gelungen die Situation „gute Nachrichtenlage" zu quantifizieren. Die Aussage ist an sich schon unscharf und benötigt daher keinen Zahlenwert. Allerdings kann sie ohne eine Zahl nicht im Fuzzy-Control-Manager verarbeitet werden, da er einen scharfen Eingangswert benötigt der über die Zugehörigkeitsfunktion fuzzifiziert wird.

Die hier erstellten Fuzzy-Regler sollten mit den wahren Experten im Börsenhandel in den Handelssälen der Banken und Broker verglichen werden um festzustellen, ob sie eine noch höhere Prognosegenauigkeit haben bzw. dieses Prognose-Hilfsmittel noch verbessern können. Einige Banken berechnen außerdem vor Handelsstart mit Hilfe von außerbörslichen Kursen einen eigenen DAX. Die so ermittelten DAX-Werte könnten das Fuzzy-Prognose-verfahren in Frage stellen. Ersetzen können sie es nicht, da sie nur den Eröff-nungskurs des DAX prognostizieren, aber nicht die Entwicklung bis 12.00 Uhr. Ein anderer nicht zu unterschätzender Aspekt ist die Volatilität der Börsen. Auch wenn die Vorgaben für den DAX positiv waren, kann sich die Stimmung jederzeit ändern, was dazu führt, dass eine am Anfang richtige Prognose wieder falsch wird. Beispielsweise kann der DAX im Plus starten und dann im Verlauf des Handels wieder an Wert verlieren oder er startet im Minus, dann dreht die Stimmung und bis zum Mittag ist er wieder im Plus (siehe Anlage 18). Unter Umständen kann die Prognose z.B. bis 11.00 Uhr stimmen und um 12.00 Uhr schon wieder vollkommen falsch sein. Eine zu Beginn des Handelstages eingegangene Handelsposition kann dann eventuell Verluste einbringen. Dieses Problem tritt aber bei jeder kurzfristigen Spekulation auf und ist nicht nur in diesem Fall vorhanden.

6. Fazit

Mit den Ergebnissen des Tests der Fuzzy-Regler kann man sehr zufrieden sein. Eine so hohe Prognosegenauigkeit wurde nicht erwartet.

Trotz all der oben genannten und noch zu untersuchenden Punkte konnte im Rahmen dieser Arbeit gezeigt werden, dass sich Fuzzy-Control auch in der Prognose von Aktienkursen bzw. in der Vorhersage der Richtung eines Indizes, was für den Anleger an sich schon vollkommen ausreichend ist, mit Erfolg einsetzen lässt. Der Nutzen aus dieser kurzfristigen Prognose kann mit Turbo-Optionsscheinen gezogen werden. Durch den großen Hebeleffekt haben schon kleine Veränderungen des Basiswertes große Auswirkungen auf die Rendite dieser Produkte.

Das mit dieser Arbeit verfolgte Ziel, ein weiteres Anwendungsgebiet von Fuzzy-Control in der Wirtschaft zu eröffnen, ist erreicht worden.

Abkürzungsverzeichnis

DAX	Deutscher Aktienindex
EDV	Elektronische Datenverarbeitung
FCM	Fuzzy-Control-Manager
ggf.	gegebenenfalls
ISIN	International Securities Identification Number
MEZ	mitteleuropäische Zeit
Mio	Million
NYSE	New York Stock Exchange
RA	Regler A
RB	Regler B
RC	Regler C
WKN	Wertpapierkennnummer

Abbildungsverzeichnis der Abbildungen im Text

Literaturverzeichnis/Quellenverzeichnis

Altrock, Constantin von: Fuzzy Logic, Band 1 Technologie, München/Wien 1993

Bothe, Hans-Heinrich: Neuro-Fuzzy-Methoden. Einführung n Theorie und Anwendungen, Berlin/Heidelberg 1998

Deutsche Börse AG: Leitfaden zu den Aktienindizes der Deutschen Börse, Version 5.3, Frankfurt/Main November 2003
Quelle: siehe Internet Recherche: equity_indices_guide.pdf (09.03.2004)

Geck, Rolf: Börsenindizes als Stimmungsbarometer, in Frei, Norbert/ Schlienkamp, Christoph (Hrsg.): Aktie im Aufwind. Von der Kursprognose zum Shareholder Value, Wiesbaden 1998

Grauel, Adolf: Fuzzy-Logik. Einführung in die Grundlagen m t Anwendungen, Mannheim 1995

Kahlert, Jörg/Frank, Hubert: Fuzzy-Logik und Fuzzy Control Eine anwendungsorientierte Einführung mit Begleitsoftware, Braunschweig/ Wiesbaden 1993

Kiendl, Harro: Fuzzy Control methodenorientiert, München 1997

Klöckner, Bernd W.: Gewinnen mit Aktien, Niedernhausen/Ts. 1999

Mayer, Andreas/Mechler, Bernhard/Schlindwein, Andreas/Wolke, Rainer: Fuzzy Logik. Einführung und Leitfaden zur praktischen Anwendung, Bonn 1993

Mross, Michael: Der Umgang mit Prognosen und Vorhersagen – Gedanken und Thesen zum Chaos an der Börse, in: Frei, Norbert/Schlienkamp, Christoph (Hrsg.): Aktie im Aufwind. Von der Kursprognose zum Shareholder Value, Wiesbaden 1998

Strietzel, Roland: Fuzzy-Regelung, München 1996

Täubert, Anne: Unternehmenspublizität und Investor Relations. Analyse von Auswirkungen der Medienberichterstattung auf Aktienkurse, Münster 1998

Traeger, Dirk H.: Einführung in die Fuzzy Logik, 2. vollständig überarbeitete und erweiterte Auflage, Stuttgart 1994

Zapotocky, Stefan: Eigengeschäfte mit Wertpapieren, in Hagen, J./Stein, J. H. (Hrsg.): Obst/Hintner Geld-, Bank- und Börsenwesen, 40. Auflage, Stuttgart 2000, S. 1076 – 1090

Zimmermann, Hans-Jürgen: Fuzzy Technologien: Prinzipien, Werkzeuge, Potentiale, Düsseldorf 1993

Zimmermann, Hans-Jürgen: Neuro + Fuzzy. Technologien und Anwendungen, Düsseldorf 1995

Internet-Recherche:

http://deutsche-boerse.com/dbag/dispatch/s/C62B4DD92DE1ED07D178928 6A91E2C5D/de/isg/gdb_navigation/home?module=InOverview_Index&wp=D E0008469008&foldertype=_Index&wplist=DE0008469008&active=overview& view=   (21.01.2004)

http://deutsche-boerse.com/dbag/dispatch/s/4B3D6344526E8A4C8F602D EA2854A84D/de/binary/gdb_navigation/information_services/30_Indices_Ind ex_Licensing/60_Guidelines_Short_Information/Content_Files/10_aktienindiz es/equity_indices_guide.pdf   (09.03.2004)

http://dynamic.nasdaq.com/reference/Comp_Eligibility_Criteria.stm (23.01.2004)

http://www.germanycash.de/index.html?boerse/dax.html (21.01.2004)

http://www.nni.nikkei.co.jp/FR/SERV/nikkei_indexes/nifaq225.html#gen1 (23.01.2004)

http://www.onvista.de   (27.10.2003 - 09.03.2004)

Anlagenverzeichnis

Anlage 1: Arten von Zugehörigkeitsfunktionen

Bezeichnung	Verlauf	Funktion, Parameter
Dreiecksfunktion		m, a, b: $$\mu(x)=\begin{cases}0, & x \le m-a \\ (x-m+a)/a, & m-a < x \le m \\ 1-(x-m)/b, & m < x \le m+b \\ 0, & x > m+b\end{cases}$$
Trapezfunktion		m_1, m_2, a, b: $$\mu(x)=\begin{cases}0, & x \le m_1-a \\ (x-m_1+a)/a, & m_1-a < x \le m_1 \\ 1, & m_1 < x \le m_2 \\ 1-(x-m_2)/b, & m_2 < x \le m_2+b \\ 0, & x > m_2+b\end{cases}$$
δ-Impuls (Singleton)		m: $$\mu(x) = \delta(x - m)$$ Spezialfall der Dreiecksfunktion, Darstellung eines scharfen Wertes
Rechteckfunktion		m_1, m_2: $$\mu(x) = \begin{cases}0, & x \le m_1 \\ 1, & m_1 < x \le m_2 \\ 0, & x \ge m_2\end{cases}$$ Spezialfall der Trapezfunktion, scharfe Begrenzung der Menge
$\cos^2$-Funktion		m, a: $$\mu(x)=\begin{cases}0, & x \le m-a \\ \cos^2[\pi(x-m)/(2a)], & m-a < x \le m+a \\ 0, & x > m+a\end{cases}$$
Glockenkurve (Gauß-Funktion)		m, a: $$\mu(x) = \exp[-(x-m)^2/(2a^2)],$$ $$-\infty < x < \infty$$

Quelle: Strietzel, Roland: Fuzzy-Regelung, München 1996, S. 10

Anlage 2: Kompensationsverhalten des Gamma-Operators

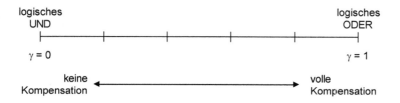

Quelle: in Anlehnung an Mayer, Andreas/Mechler, Bernhard/Schlindwein, Andreas/
Wolke, Rainer: Fuzzy Logik. Einführung und Leitfaden zur praktischen
Anwendung, Bonn 1993, S. 45

Anlage 3: Schema von Fuzzy-Control

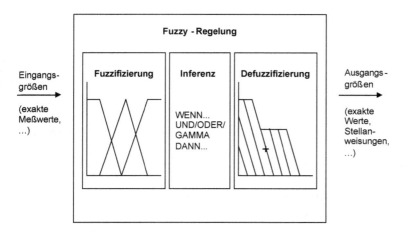

Quelle: in Anlehnung an Traeger, Dirk H.: Einführung in die Fuzzy Logik, 2. vollständig
überarbeitete und erweiterte Auflage, Stuttgart 1994, S. 79

Anlage 4: Badewannenwasserbeispiel: Zugehörigkeitsfunktionen und Regeln

Badewassertemperatur (Eingangsgröße)

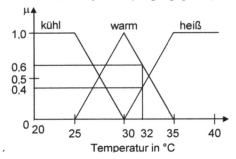

zulaufendes Wasser (Ausgangsgröße, Regelgröße)

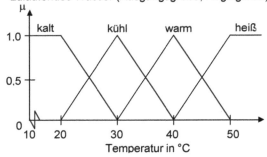

WENN Badewasser warm ODER Badewasser heiß DANN zulaufendes Wasser kühl.

Es sei: μ_{warm} (Badewasser 32°C) = 0,6 und $\mu_{heiß}$ (Badewasser 32°C) = 0,4

Für die ODER-Verknüpfung wird der Maximum-Operator gewählt.

→ $\mu_{kühl}$ (zulaufendes Wasser)

= max {μ_{warm} (Badewasser); $\mu_{heiß}$ (Badewasser)}

= max {0,6 ; 0,4}

= 0,6

Quelle: in Anlehnung an Traeger, Dirk H.: Einführung in die Fuzzy Logik, 2. vollständig
überarbeitete u. erweiterte Auflage, Stuttgart 1994, S. 82 ff.

Anlage 5: Badewannenwasserbeispiel: Inferenzmethoden

Die Abarbeitung aller Produktionsregeln ergibt beispielsweise:

μ_{kalt} (zulaufendes Wasser) = 0 $\mu_{heiß}$ (zulaufendes Wasser) = 0

$\mu_{kühl}$ (zulaufendes Wasser) = 0,4 μ_{warm} (zulaufendes Wasser) = 0,6

Max/Min-Methode

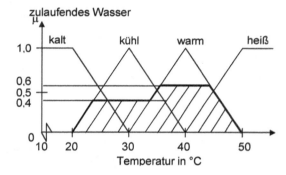

Max/Prod-Methode

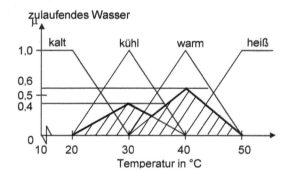

Quelle: in Anlehnung an Traeger, Dirk H.: Einführung in die Fuzzy Logik, 2. vollständig überarbeitete u. erweiterte Auflage, Stuttgart 1994, S. 92 ff.

Anlage 6: Badewannenwasserbeispiel: Defuzzifizierungsmethoden

Mean of Maximum

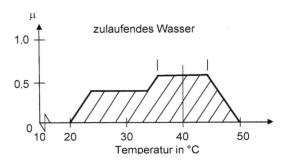

Es ergibt sich für das zulaufende Wasser eine Temperatur von 40°C.

Schwerpunktmethode (Center of Gravity)

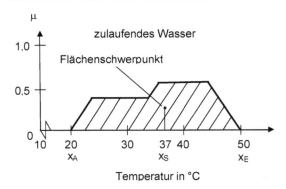

Es ergibt sich für das zulaufende Wasser eine
Temperatur von 37°C.

Berechnung der Schwerpunkt-
koordinate x_S :

$$x_S = \frac{\int_{x_A}^{x_E} x \cdot f(x)dx}{\int_{x_A}^{x_E} f(x)dx}$$

mit
x_S = x-Koordinate des Flächen-
Schwerpunktes

x_A = x-Anfangswert der Fläche

x_E = x-Endwert der Fläche

f(x) = Funktion (Berandungskurve)
des Flächenstücks

Quelle: in Anlehnung an Traeger, Dirk H.: Einführung in die Fuzzy Logik, 2. vollständig
überarbeitete u. erweiterte Auflage, Stuttgart 1994, S. 104 ff.

Anlage 7: DAX-Kurzinformation

Allgemeines	
Name	DAX (Deutscher Aktienindex)
Art des Index	Performanceindex (auch Berechnung als Kursindex); freefloat-gewichtet (seit 24.06.2002); Freefloat-Faktoren gemäß Definition der Deutschen Börse AG (siehe Besonderheiten)
Länderabdeckung	Deutschland
Anzahl der Unternehmen	30
Berechnungszeitraum	09.00 bis 17.30 Uhr (MEZ) auf Basis der Xetra-Kurse
Basiszeitpunkt	31.12.1987
Basisniveau	1000
Basiswährung	Euro
Offiziell zurückgerechnet bis	01.10.1959
Veröffentlichungsintervall	Alle 15 Sekunden
Branchenindizes	Nein
Gelistete Optionen	Eurex
Gelistete Futures	Eurex
ISIN / WKN	DE0008469008 / 846900
Entscheidung über die Zusammensetzung und deren Umsetzung	
Gremium	Vorstand der Deutschen Börse AG auf Vorschlag des Arbeits-kreises Aktienindizes
Termin der regulären Über-prüfung	Ca. 6 Wochen vor der Wirksamkeit der regulären Anpassung
Wirksamkeit der regulären Anpassung	3. Freitag im September
Auf-/Entnahmekriterien	
Liquidität und Marktkapitali-sierung	35/35 Regel (jährlich); 25/25- und 45/45 Regel (siehe Besonder-heiten)
Freefloat	Seit 24.06.2002 mindestens 5% des Grundkapitals; Aktualisierung quartalsweise
Übernahmekodex	Nein, seit März 2002 durch Übernahmegesetz geregelt
Designated Sponsor bzw. Market Maker	Nein
Aufnahme von Investment-fonds/Holdings	Nein/ja
Aufnahme nur einer Aktien-gattung	Ja (siehe Besonderheiten)
Besonderheiten	
Gewichtsbegrenzung	15%
35/35 Regel	Aufnahme eines Titels bei der regulären Anpassung bei Marktkapi-talisierungs- UND Liquiditätsrängen von 35 oder besser möglich. Entnahme bei Marktkapitalisierungs- ODER Liquiditätsrängen mit einem Wert von schlechter als 35 möglich.
25/25 Regel – Fast-Entry	Optional kann zusätzlich bei den vierteljährlichen Verkettungster-minen (3. Freitag im März, Juni, Dezember) ein Titel eingetauscht werden, wenn er bei Marktkapitaliserungs- UND Liquiditätsrängen einen Wert von 25 oder besser aufweist.
45/45 Regel – Fast Exit	Optional kann zusätzlich bei den vierteljährlichen Verkettungster-minen (3. Freitag im März, Juni, Dezember) ein Titel ausgetauscht werden, wenn er bei Marktkapitaliserungs- UND Liquiditätsrängen einen Wert von schlechter als 45 aufweist.
Aufnahme nur einer Aktiengattung	Seit 24.06.2002 wird nur noch die liquidere Gattung im Index berücksichtigt. Aktualisierung der Aktienanzahl quartalsweise.
Handelssegment	Fortlaufende Notierung im Prime Standard Segment der Frankfurter Wertpapierbörse erforderlich

Quelle: Eigene Erstellung in Anlehnung an Deutsche Börse AG: Leitfaden zu den Aktienindizes der Deutschen Börse, Version 5.3, Frankfurt/Main 2003

Anlage 8: Mitglieder des DAX

Unternehmen	ISIN	Kurs in €	Aktuelle Aktienanzahl	Free-float-faktor	Freefloat-Marktkapi-talisierung in Mio. €	Index-ge-wicht
Adidas-Salomon AG	DE0005003404	93,40	45.453.750	100,00%	4.245,38	0,96%
Allianz AG	DE0008404005	100,65	384.718.750	87,80%	33.997,87	7,70%
Altana AG	DE0007600801	52,20	140.400.000	49,90%	3.657,11	0,83%
BASF AG	DE0005151005	43,78	570.316.410	100,00%	24.968,45	5,65%
Bayer AG	DE0005752000	23,63	730.341.920	93,82%	16.191,44	3,67%
BMW AG	DE0005190003	36,02	622.227.918	53,40%	11.968,35	2,71%
Commerzbank AG	DE0008032004	15,48	597.858.005	81,42%	7.535,29	1,71%
Continental AG	DE0005439004	33,05	135.012.531	100,00%	4.462,16	1,01%
DaimlerChrysler AG	DE0007100000	36,66	1.012.803.493	80,90%	30.037,67	6,80%
Deutsche Bank AG	DE0005140008	74,72	581.854.246	100,00%	43.476,15	9,85%
Deutsche Börse AG	DE0005810055	47,54	111.802.880	100,00%	5.315,11	1,20%
Deutsche Lufthansa AG	DE0008232125	14,80	381.600.000	89,95%	5.080,09	1,15%
Deutsche Post AG	DE0005552004	19,72	1.112.800.000	37,40%	8.207,21	1,86%
Deutsche Telekom AG	DE0005557508	16,06	4.197.752.425	57,23%	38.582,12	8,74%
E.ON AG	DE0007614406	56,15	692.000.000	94,27%	36.629,36	8,30%
Fresenius Medical Care AG	DE0005785802	53,39	70.000.000	49,24%	1.840,25	0,42%
Henkel KGaA	DE0006048432	68,64	59.387.625	100,00%	4.076,37	0,92%
HypoVereinsbank AG	DE0008022005	17,48	521.735.101	69,28%	6.318,29	1,43%
Infineon Technologies AG	DE0006231004	11,82	720.880.604	60,29%	5.137,20	1,16%
Linde AG	DE0006483001	45,54	119.262.134	67,70%	3.676,92	0,83%
MAN AG	DE0005937007	28,92	140.974.350	71,78%	2.926,45	0,66%
Metro AG	DE0007257503	37,42	324.109.563	44,30%	5.372,78	1,22%
Münchner Rück AG	DE0008430026	96,43	229.580.233	74,30%	16.448,85	3,73%
RWE AG	DE0007037129	38,09	523.405.000	77,06%	15.363,06	3,48%
SAP AG	DE0007164600	131,56	315.128.560	65,33%	27.084,72	6,13%
Schering AG	DE0007172009	40,90	196.500.000	89,42%	7.186,55	1,63%
Siemens AG	DE0007236101	63,65	890.866.301	93,50%	53.891,21	12,21%
ThyssenKrupp AG	DE0007500001	16,02	514.489.044	80,00%	6.787,17	1,54%
TUI AG	DE0006952005	19,93	178.038.299	68,63%	2.435,20	0,55%
Volkswagen AG	DE0007664005	39,41	320.289.940	68,51%	8.647,76	1,96%

Quelle: Eigene Erstellung; Deutsche Börse AG; Stand: 08.03.2004

Anlage 9: Indexpyramide der Deutschen Börse AG

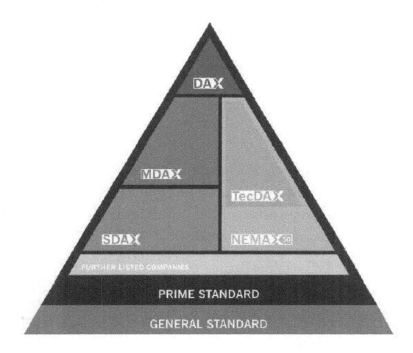

Quelle: Deutsche Börse AG: Leitfaden zu den Aktienindizes der Deutschen Börse, Version 5.3, Frankfurt/Main 2003, S. 11

Anlage 10: Indexformel für die Indizes der Deutschen Börse AG

Die Indizes der Deutschen Börse sind nach der Indexformel von Laspeyres konzipiert und werden wie folgt berechnet:

$$\text{Index}_t = K_T * \frac{\sum_{i=1}^{n}(p_{it} * q_{it_1} * ff_{it_1} * c_{it})}{\sum_{i=1}^{n}(p_{io} * q_{io})} * \text{Basis}$$

mit:

K_T	=	indexspezifischer Verkettungsfaktor gültig ab Verkettungsanlass T
n	=	Anzahl der Aktien im Index
t	=	Berechnungszeitpunkt des Index
t_1	=	Zeitpunkt der letzten regelmäßigen Verkettung
p_t	=	Kurs der Aktie i zum Zeitpunkt t
q_{it_1}	=	Anzahl zugrunde liegender Aktien der Gattung i zum Zeitpunkt t_1
ff_{it_1}	=	Freefloat-Faktor der Gattung i zum Zeitpunkt t_1
c_t	=	Korrekturfaktor der Gattung i zum Zeitpunkt t
p_{io}	=	Eröffnungskurs der Aktie i zum Basiszeitpunkt
q_{io}	=	Anzahl der Aktien der Gattung i zum Basiszeitpunkt

Quelle: Deutsche Börse AG: Leitfaden zu den Aktienindizes der Deutschen Börse, Version 5.3, Frankfurt/Main 2003, S. 25

Anlage 11: Indexformel mit relativer Gewichtung für die Indizes cer Deutschen Börse AG

Eine analytisch gleichwertige Formel, die auf relative Gewichtungen abstellt, ist:

$$\text{Index}_t = \frac{\sum_{i=1}^{n} p_{it} * \left(K_T * \frac{ff_{it} * q_{it}}{\sum_{i=1}^{n} q_{io}} * 100 * c_{it} \right)}{\sum_{i=1}^{n} p_{io} * \frac{q_{io}}{\sum_{i=1}^{n} q_{io}} * 100} * \text{Basis} = \frac{\sum_{i=1}^{n} p_{it} * F_i}{A} * \text{Basis}$$

mit:

$$A = \frac{\sum_{i=1}^{n} p_{io} * q_{io} * 100}{\sum_{i=1}^{n} q_{io}}$$

und:

$$F_i = K_T * \frac{ff_{it} * q_{it}}{\sum_{i=1}^{n} q_{io}} * 100 * c_{it}$$

Die Indexberechnung lässt sich mit Hilfe der F_i wie folgt vereinfacht nachvollziehen:

+ Multiplikation der aktuellen Preise mit dem jeweiligen Gewichtungsfaktor F_i

+ Summation der Produkte

+ Division durch die Basisgröße A, die bis zu einer Änderung der Index-Zusammensetzung konstant bleibt

Die F_i-Faktoren geben Auskunft darüber, wie viele Aktien einer jeden Gesellschaft man braucht, um das dem Index unterliegende Portfolio nachzubilden.

Quelle: Deutsche Börse AG: Leitfaden zu den Aktienindizes der Deutschen Börse, Version 5.3, Frankfurt/Main 2003, S. 26

Anlage 12: Regeln der Regelmenge H2 und H1 des Fuzzy-Reglers A

RegelmengeH2 - Regelmenge _ □ ×

Zeile | 1

Nr.	Dow	Nasdaq	Op.	W	VorgabeUSA	Grad
1	goßes -	großes -	UND		sehr schlecht	0.000
2	kleines -	großes -	UND		sehr schlecht	0.000
3	goßes -	kleines -	UND		sehr schlecht	0.000
4	kleines -	kleines -	UND		schlecht	0.000
5	kleines -	unverändert	UND		schlecht	0.000
6	unverändert	kleines -	UND		schlecht	0.000
7	unverändert	unverändert	UND		neutral	0.000
8	kleines +	kleines +	UND		gut	0.000
9	unverändert	kleines +	UND		gut	0.000
10	kleines +	unverändert	UND		gut	0.000
11	großes +	großes +	UND		sehr gut	0.000
12	kleines +	großes +	UND		sehr gut	0.000
13	großes +	kleines +	UND		sehr gut	0.000

RegelmengeH1 - Regelmenge _ □ ×

Zeile | 1

Nr.	VorgabeUSA	Nikkei	Op.	W	DAXResultat	Grad
1	sehr schlecht	großes -	UND		großes -	0.000
2	sehr schlecht	kleines -	UND		großes -	0.000
3	schlecht	großes -	UND		großes -	0.000
4	schlecht	kleines -	UND		kleines -	0.000
5	neutral	kleines -	UND		kleines -	0.000
6	schlecht	unverändert	UND		kleines -	0.000
7	sehr gut	großes -	UND		großes -	0.000
8	neutral	unverändert	UND		unverändert	0.000
9	neutral	kleines -	UND		unverändert	0.000
10	neutral	kleines +	UND		unverändert	0.000
11	gut	unverändert	UND		unverändert	0.000
12	schlecht	unverändert	UND		unverändert	0.000
13	schlecht	kleines +	UND		kleines +	0.000
14	neutral	kleines +	UND		kleines +	0.000
15	neutral	unverändert	UND		kleines +	0.000
16	gut	kleines +	UND		kleines +	0.000
17	sehr gut	großes +	UND		großes +	0.000
18	gut	großes +	UND		großes +	0.000
19	sehr gut	kleines +	UND		großes +	0.000
20	sehr schlecht	großes +	UND		großes +	0.000
21	sehr schlecht	unverändert	UND		großes +	0.000

Quelle: Eigene Erstellung (Fuzzy Control Manager)

Anlage 13: Regelmenge H2 und H1 des Fuzzy-Reglers B

RegelmengeH2 - Regelmenge

Nr.	DowJones	Nasdaq	Op.	W	VorgabeUSA	Grad
1	unverändert	unverändert	UND		neutral	1.000
2	Minus	Minus	UND		schlecht	0.000
3	Plus	Plus	UND		gut	0.000
4	unverändert	Plus	UND		gut	0.000
5	Plus	unverändert	UND		gut	0.000

RegelmengeH1 - Regelmenge

Nr.	VorgabeUSA	Nikkei225	Op.	W	DAXPrognose	Grad
1	schlecht	Minus	UND		Minus	0.000
2	neutral	Minus	UND		Minus	0.000
3	schlecht	unverändert	UND		Minus	0.000
4	neutral	unverändert	UND		unverändert	0.000
5	neutral	Plus	UND		Plus	1.000
6	gut	Plus	UND		Plus	0.000
7	gut	unverändert	UND		Plus	0.000
8	gut	Minus	UND		Minus	0.000
9	schlecht	Plus	UND		Plus	0.000

Quelle: Eigene Erstellung (Fuzzy Control Manager)

Anlage 14: Regeln der Regelmenge H1 des Fuzzy-Regler C

RegelmengeH1 - Regelmenge

Attribut   unverändert

Nr.	VorgabeUSA	Nikkei225	Euro	Op.	W	DAXPrognose	Grad
1	schlecht	Minus	unverändert	UND		Minus	0.000
2	schlecht	Minus	Plus	UND		Minus	0.000
3	schlecht	unverändert	unverändert	UND		Minus	0.000
4	schlecht	unverändert	Plus	UND		Minus	0.000
5	neutral	Minus	unverändert	UND		Minus	0.000
6	neutral	Minus	Plus	UND		Minus	0.000
7	neutral	unverändert	Plus	UND		Minus	0.000
8	gut	Minus	Plus	UND		Minus	0.000
9	neutral	unverändert	unverändert	UND		unverändert	0.000
10	schlecht	Plus	Minus	UND		Plus	0.000
11	neutral	unverändert	Minus	UND		Plus	0.000
12	neutral	Plus	Minus	UND		Plus	0.000
13	neutral	Plus	unverändert	UND		Plus	0.000
14	gut	unverändert	Minus	UND		Plus	0.000
15	gut	unverändert	unverändert	UND		Plus	0.000
16	gut	Plus	Minus	UND		Plus	0.000
17	gut	Plus	unverändert	UND		Plus	0.000

Quelle: Eigene Erstellung (Fuzzy Control Manager)

Anlage 15: Wertetabelle 1 mit den Prognosen

Vorgaben für	DAX Punkte	DAX Verä. ggü. Vortag in %	Dow Jones Punkte	Dow Jones Verä. ggü. Vortag in %	Nasdaq Punkte	Nasdaq Verä. ggü. Vortag in %	Nikkei 225 Punkte	Nikkei 225 Verä. ggü. Vortag in %	Euro/Dollar USD	Euro/Dollar Verä. ggü. Vortag in %	DAX 12.00 Uhr Punkte	DAX 12.00 Uhr Verä. ggü. Vortag in %	DAX-Eröffnung Punkte	DAX-Eröffnung Verä. ggü. Vortag in %	Prognosen Regler A		Prognosen Ex-per-te		Prognosen Regler B		Prognosen Regler C	
27.10.03	3453	-1,27	9582	-0,32	1866	-1,06	10454	1,15	1,1745	-0,28	3507	1,57	3459	0,18	0,93	1	-	0	2,09	1	2,09	1
28.10.03	3517	1,87	9608	0,27	1883	0,93	10561	1,02	1,1708	-0,25	3560	1,22	3531	0,40	0,77	1	+	1	2,12	1	2,09	1
29.10.03	3587	1,99	9748	1,46	1932	2,62	10739	1,69	1,1715	0,42	3568	-0,53	3597	0,28	2,46	0	+	0	2,24	0	2,09	0
30.10.03	3615	0,81	9775	0,00	1937	0,22	10695	-0,41	1,1663	0,00	3613	-0,05	3620	0,14	-0,14	1	-	1	-0,02	1	-0,61	1
31.10.03	3639	0,67	9786	0,12	1932	-0,20	10559	-1,27	1,1634	0,07	3630	-0,26	3639	0,00	-1,11	1	-	1	-2,50	1	-2,12	1
03.11.03	3655	0,45	9801	0,15	1932	-0,02	10559	0,00	1,1575	-0,09	3720	1,78	3657	0,05	0,42	1	+	1	0,89	1	1,71	1
04.11.03	3745	2,46	9858	0,58	1967	1,84	10847	2,73	1,1453	-0,11	3737	-0,21	3742	-0,08	2,46	0	+	0	2,15	0	2,06	0
05.11.03	3741	-0,07	9838	-0,20	1957	-0,49	10837	-0,10	1,1449	-0,28	3708	-0,89	3737	-0,11	-0,36	0	-	0	-1,84	0	-2,02	0
06.11.03	3717	-0,64	9820	-0,18	1959	0,07	10552	-2,63	1,1456	0,15	3720	0,00	3719	0,05	-2,40	0	-	0	-2,21	0	-2,06	0
07.11.03	3733	0,44	9856	0,37	1976	0,87	10628	0,73	1,1424	0,06	3790	1,51	3744	0,29	0,77	1	+	1	2,12	1	2,12	1
10.11.03	3782	1,30	9813	-0,44	1973	-0,17	10504	-1,17	1,1511	-0,10	3775	-0,18	3778	-0,11	-1,18	1	-	1	-2,02	1	-2,02	1
11.11.03	3746	-0,95	9757	-0,01	1941	-1,48	10207	-2,83	1,1470	-0,41	3720	-1,64	3739	-0,19	-2,49	1	-	1	-2,12	1	-2,02	1
12.11.03	3729	-0,44	9737	-0,19	1930	-0,56	10226	0,19	1,1598	0,63	3710	-0,51	3730	0,03	-0,20	1	-	1	-0,46	1	-2,02	1
13.11.03	3748	0,50	9849	0,01	1970	2,05	10337	1,09	1,1694	0,41	3796	1,28	3756	0,21	2,09	1	+	1	2,15	1	-2,02	0
14.11.03	3765	0,46	9836	-0,12	1967	-0,29	10176	-1,65	1,1766	0,47	3780	0,40	3752	-0,35	-1,40	0	-	0	-2,12	0	-2,12	0
17.11.03	3797	0,84	9773	-0,66	1934	-1,66	9786	-3,74	1,1816	0,31	3701	-2,53	3792	-0,13	-2,50	1	-	0	-2,15	1	-2,09	1
18.11.03	3674	-3,24	9710	-0,59	1909	-1,07	9897	1,13	1,1785	0,32	3683	0,24	3693	0,52	0,86	1	-	0	2,15	1	-2,09	0
19.11.03	3666	-0,22	9624	-0,89	1881	-1,46	9614	-2,85	1,1909	0,12	3609	-1,56	3659	-0,19	-2,53	1	+	1	-2,18	1	-2,02	1
20.11.03	3652	-0,38	9690	0,69	1899	0,94	9865	2,61	1,1909	0,00	3600	-1,42	3663	0,30	2,49	0	+	0	2,12	0	2,12	0
21.11.03	3638	-0,39	9619	-0,73	1881	-0,93	9852	-0,13	1,1880	-0,21	3642	0,13	3637	-0,03	-0,46	0	-	0	-2,12	0	-2,02	0
24.11.03	3642	0,12	9628	0,09	1893	0,64	Feiertag		-	-	3700	1,59	3642	0,00	0,02	1	+	1	2,09	1	2,09	1
25.11.03	3737	2,60	9747	1,24	1947	2,81	10144	1,85	-	-	3757	0,54	3744	0,19	2,49	1	+	1	2,30	1	3,31	1
26.11.03	3733	-0,11	9750	0,03	1950	0,16	10163	0,18	1,1870	0,70	3780	1,26	3731	-0,05	1,05	1	+	1	2,24	1	2,12	1
27.11.03	3715	-0,47	9779	0,29	1953	0,16	10100	-0,62	1,1913	-0,05	3742	0,73	3741	0,70	0,45	1	+	1	1,40	1	1,40	1
28.11.03	3744	0,86	Feiertag		Feiertag				-		3730	-0,37	3748	0,11	-0,45	1	-	1	-2,09	1	-2,09	1

Vorgaben für	DAX		Dow Jones		Nasdaq		Nikkei 225		Euro/Dollar		DAX 12.00 Uhr		DAX-Eröffnung		Prognosen							
	Veränderung ggü. Vortag in %	Punkte	Veränderung ggü. Vortag in %	Punkte	Veränderung ggü. Vortag in %	Punkte	Veränderung ggü. Vortag in %	Punkte	Veränderung ggü. Vortag in %	USD	Veränderung ggü. Vortag in %	Punkte	Veränderung ggü. Vortag in %	Punkte	Regler A		Ex-perte		Regler B		Regler C	
01.12.03	0,03	3745	0,03	9782	0,36	1960	3,00	10403	0,04	1,1999	1,47	3800	0,19	3752	2,43	1	+	1	2,12	1	2,12	1
02.12.03	1,97	3819	0,01	9899	1,48	1989	0,07	10410	0,58	1,2025	0,03	3820	0,05	3821	0,80	1	+	1	2,21	1	2,21	1
03.12.03	-0,31	3809	-0,46	9853	-0,49	1980	-0,80	10326	0,09	1,2099	0,50	3828	-0,03	3808	-0,66	0	-	0	-2,06	0	-2,02	0
04.12.03	1,74	3875	0,20	9873	-1,00	1960	1,00	10429	-0,54	1,2055	-0,05	3857	-0,10	3871	0,77	0	+	0	-2,02	0	-2,02	1
05.12.03	-0,03	3874	0,58	9930	0,44	1968	-0,54	10373	-0,10	1,2066	-0,44	3798	-0,46	3856	-0,46	1	+	1	-2,06	0	2,06	0
08.12.03	-0,85	3841	-0,69	9862	-1,57	1937	-3,16	10045	-0,05	1,2181	-1,12	3845	-0,18	3834	-2,49	1	-	1	-2,15	1	-2,15	1
09.12.03	-0,92	3806	0,01	9965	0,57	1948	0,79	10124	0,00	1,2218	1,02	3818	0,16	3812	1,93	1	+	1	2,09	1	2,09	1
10.12.03	1,04	3846	0,00	9923	-2,05	1908	-2,11	9910	-0,19	1,2224	-0,73	3839	-0,13	3841	-2,12	1	-	1	-2,09	1	2,09	0
11.12.03	-0,66	3820	-0,02	9921	-0,19	1904	1,66	10075	-0,30	1,2154			0,34	3833	0,46	1	+	1	2,21	1	2,12	1
12.12.03	0,99	3858	0,87	10008	1,98	1942	0,94	10169	0,52	1,2286	0,50	3898	0,16	3864	2,15	1	+	1	2,12	1	2,12	1
15.12.03	0,03	3860	0,34	10042	0,34	1949	3,16	10490	0,21	1,2207	1,04	3910	0,16	3866	2,43	1	+	1	2,12	1	2,12	0
16.12.03	0,40	3875	0,00	10022	-1,59	1918	-2,09	10271	0,11	1,2329	1,30	3850	-0,34	3862	-2,15	1	-	1	-2,02	1	2,12	1
17.12.03	-0,24	3865	0,01	10129	0,31	1924	-1,74	10092	0,67	1,2405	-0,65	3845	0,13	3870	-2,40	1	+	1	-2,12	1	-2,12	1
18.12.03	-0,48	3847	0,15	10145	-0,15	1921	0,11	10104	0,20	1,2426	-0,52	3847	0,00	3847	0,27	0	-	0	0,89	1	-2,06	0
19.12.03	0,60	3870	1,01	10248	1,81	1956	1,79	10284	-0,14	1,2407	0,00	3887	0,28	3881	2,06	1	+	1	2,24	1	2,06	1
22.12.03	0,71	3898	0,31	10280	-0,28	1950	0,86	10372	0,53	1,2420	0,44	3893	-0,18	3891	0,46	0	+	0	2,12	0	2,06	0
23.12.03	-0,55	3876	0,01	10338	0,26	1955	0,00	10372	-0,08	1,2388	-0,13	3908	0,21	3884	0,02	1	+	1	2,12	1	1,52	1
29.12.03	0,68	3903	0,19	10324	0,20	1973	0,80	10500	0,41	1,2482	0,83	3929	0,10	3907	0,46	1	+	1	2,12	1	2,06	1
30.12.03	1,27	3952	1,21	10450	1,69	2006	1,68	10676	0,14	1,2501	0,67	3970	0,13	3957	2,12	1	+	1	2,24	1	2,06	0
02.01.04	0,31	3965	0,00	10453	-0,15	2003	-1,65	10500	0,13	1,2596	0,46	4000	0,10	3969	-0,99	0	-	0	-2,21	0	-2,02	0
05.01.04	1,35	4018	-0,42	10409	0,17	2006	1,39	10825	0,23	1,2663	0,88	4019	0,02	4019	1,24	1	+	1	2,05	1	-2,02	1
06.01.04	0,43	4035	1,29	10544	2,03	2047	-0,10	10813	0,62	1,2764	-0,74	4005	0,07	4038	0,02	0	+	0	1,96	0	-2,02	0
07.01.04	0,00	4035	-0,05	10538	0,49	2057	-0,52	10757	-0,41	1,2666	-0,22	4026	0,10	4039	-0,46	1	-	1	-2,06	1	-2,06	1
08.01.04	-0,77	4004	-0,09	10529	0,99	2077	0,74	10837	-0,34	1,2596	1,15	4050	0,22	4013	0,77	1	+	1	2,12	1	2,12	1
09.01.04	1,02	4045	0,44	10575	0,87	2095	1,18	10965	-0,27	1,2738	-0,10	4041	0,35	4059	1,33	0	+	0	2,12	0	2,09	0
12.01.04	-0,72	4016	-1,26	10458	-0,63	2086	Feiertag		-0,45	1,2791	-0,40	4000	-0,15	4010	1,58	0	-	0	-2,09	1	2,09	0
13.01.04	-0,50	3995	0,00	10458	1,20	2111	-1,05	10849	-0,02	1,2739	0,75	4025	0,28	4006	0,02	1	-	0	-2,15	0	2,15	1

Vorgaben für	DAX Verä. ggü. Vortag in %	DAX Punkte	Dow Jones Verä. ggü. Vortag in %	Dow Jones Punkte	Nasdaq Verä. ggü. Vortag in %	Nasdaq Punkte	Nikkei 225 Verä. ggü. Vortag in %	Nikkei 225 Punkte	Euro/Dollar Verä. ggü. Vortag in %	Euro/Dollar USD	DAX 12.00 Uhr Verä. ggü. Vortag in %	DAX 12.00 Uhr Punkte	DAX-Eröffnung Verä. ggü. Vortag in %	DAX-Eröffnung Punkte	Prognosen Regler A	Treffer	Experte	Treffer	Regler B	Treffer	Regler C	Treffer
14.01.04	0,01	3996	-0,55	10427	-0,73	2096	0,12	10863	-0,98	1,2664	0,73	4025	-0,08	3993	-0,33	0	-	0	-1,62	0	2,02	1
15.01.04	1,48	4055	0,01	10538	0,72	2111	-1,82	10665	-0,64	1,2574	-0,01	4055	-0,20	4047	-2,43	1	-	1	-2,09	1	2,12	0
16.01.04	0,33	4068	0,15	10553	-0,10	2109	1,80	10857	-0,67	1,2515	0,98	4108	0,54	4090	1,24	1	+	1	2,24	1	2,24	1
19.01.04	1,05	4111	0,44	10600	1,49	2140	0,00	10857	0,27	1,2419	0,83	4145	0,00	4111	0,02	1	+	1	2,12	1	-1,99	0
20.01.04	0,69	4139	Feiertag		Feiertag		-0,91	11002	1,89	1,2587	0,24	4149	0,05	4141	0,46	1	+	1	0,02	1	-2,33	0
21.01.04	0,80	4106	-0,68	10528	0,35	2147	-0,02	11000	0,56	1,2657	0,58	4130	0,07	4109	-0,74	0	-	0	0,02	0	-2,33	0
22.01.04	0,77	4138	0,90	10623	-0,26	2142	0,62	11069	-0,09	1,2646	0,00	4138	0,14	4144	0,02	0	+	0	2,06	0	2,02	1
23.01.04	0,04	4139	0,90	10623	-1,09	2119	-0,87	10972	0,33	1,2764	0,51	4160	0,02	4140	0,02	1	+	1	2,21	1	2,02	1
26.01.04	0,29	4151	-0,52	10568	0,23	2123	-0,41	10928	0,21	1,2599	+	4152	0,02	4152	-0,74	0	-	0	-2,02	0	2,02	1
27.01.04	0,29	4128	1,27	10702	1,41	2153	-0,69	10852	1,22	1,2639	1,02	4170	0,31	4141	0,02	1	+	0	-0,02	0	-2,06	0
28.01.04	0,14	4134	-0,87	10609	-1,72	2116	-0,67	10779	-0,46	1,2576	0,39	4150	-0,24	4124	-1,96	0	-	1	-2,09	1	-2,09	1
29.01.04	0,38	4150	-1,56	10444	-1,92	2075	0,04	10783	-0,27	1,2404	-0,96	4110	-0,80	4117	-1,96	1	-	1	-2,09	1	-2,09	1
30.01.04	-1,31	4095	0,63	10510	-0,34	2068	-0,06	10776	0,50	1,2471	0,46	4114	0,27	4106	0,11	1	+	0	2,12	0	2,12	1
02.02.04	-0,91	4058	-0,21	10488	-0,10	2066	-1,25	10641	-0,15	1,2454	0,59	4082	0,10	4062	0,14	0	-	1	-0,61	1	2,06	0
03.02.04	0,32	4071	0,11	10499	-0,15	2063	-1,83	10447	0,93	1,2545	-0,29	4059	0,07	4074	-0,96	1	-	1	-2,15	1	-2,15	1
04.02.04	-0,35	4057	0,06	10505	0,15	2066	0,17	10464	-0,02	1,2542	-0,74	4027	-0,17	4050	-0,46	1	-	1	-2,24	1	-2,24	1
05.02.04	-0,72	4028	-0,33	10470	-2,52	2014	-0,04	10460	0,35	1,2582	-0,20	4020	-0,07	4025	2,43	0	-	1	-1,11	1	-2,06	0
06.02.04	-0,34	4014	0,24	10495	0,25	2019	-0,56	10402	1,09	1,2714	0,77	4045	0,02	4015	0,36	1	+	1	0,96	1	-2,18	0
09.02.04	0,75	4044	0,93	10593	2,20	2064	-0,36	10365	0,82	1,2750	1,29	4096	0,17	4051	0,02	1	+	0	-2,06	0	-2,06	1
10.02.04	1,33	4098	-0,16	10575	-0,05	2062	0,00	10365	0,65	1,2775	-0,12	4093	0,05	4100	-0,02	0	-	1	-1,40	1	-2,09	0
11.02.04	0,29	4110	0,33	10613	0,72	2075	0,91	10459	-0,17	1,2666	-0,05	4108	0,02	4111	0,02	0	+	0	2,12	0	2,06	1
12.02.04	0,28	4122	1,12	10732	0,57	2087	Feiertag		-0,03	1,2825	0,44	4140	0,39	4138	1,99	1	+	0	2,09	0	2,09	0
13.02.04	-0,01	4121	-0,41	10694	-0,77	2073	0,94	10557	0,00	1,2817	-0,10	4117	0,00	4121	0,77	0	+	1	2,09	1	2,02	1
16.02.04	-1,57	4057	-0,62	10627	-0,97	2053	-0,08	10548	0,28	1,2763	-0,05	4055	-0,07	4054	-0,46	1	-	1	-2,12	1	-2,09	0
17.02.04	0,33	4070	Feiertag		Feiertag		1,44	10701	0,59	1,2836	0,52	4091	0,07	4073	0,46	1	+	1	2,21	1	-2,09	1
18.02.04	1,01	4095	0,82	10714	1,30	2080	-0,23	10676	0,31	1,2897	0,27	4106	0,02	4096	0,02	1	+	1	1,46	1	-2,02	0
19.02.04	0,00	4095	-0,40	10671	-0,19	2076	0,72	10753	-0,23	1,2695	0,81	4128	0,10	4099	0,58	1	+	1	2,09	1	2,09	1

Vorgaben für	DAX Veränderung ggü. Vortag in %	DAX Punkte	Dow Jones Veränderung ggü. Vortag in %	Dow Jones Punkte	Nasdaq Veränderung ggü. Vortag in %	Nasdaq Punkte	Nikkei 225 Veränderung ggü. Vortag in %	Nikkei 225 Punkte	Euro/Dollar Veränderung ggü. Vortag in %	Euro/Dollar USD	DAX 12.00 Uhr Veränderung ggü. Vortag in %	DAX 12.00 Uhr Punkte	DAX-Eröffnung Veränderung ggü. Vortag in %	DAX-Eröffnung Punkte	Regler A	r	Experte	r	Regler B	r	Regler C	r
20.02.04	1,12	4141	-0,07	10664	-1,47	2045	-0,31	10720	-0,88	1,2645	-0,19	4133	-0,41	4124	-0,30	1	-	1	-1,99	1	2,02	0
23.02.04	-1,65	4073	-0,43	10619	-0,39	2037	1,38	10868	0,31	1,2549	0,37	4088	0,02	4074	0,55	1	-	1	2,06	0	2,06	1
24.02.04	-0,12	4068	-0,09	10609	-1,49	2007	-2,07	10644	-0,06	1,2564	-1,28	4016	-0,02	4067	-2,18	1	-	1	-1,99	1	-1,99	1
25.02.04	-1,89	3991	-0,41	10566	-0,10	2005	0,14	10658	-0,02	1,2670	-0,25	3981	0,05	3993	-0,20	1	+	1	0,05	0	0,05	0
26.02.04	0,10	3995	0,33	10601	0,87	2022	1,47	10815	-0,47	1,2438	0,38	4010	0,33	4008	1,84	1	+	1	2,12	1	2,12	1
27.02.04	0,31	4007	-0,20	10580	0,47	2032	0,00	10815	0,00	1,2438	0,95	4045	0,50	4027	0,02	1	+	1	1,84	1	1,84	1
01.03.04	0,26	4018	0,04	10583	-0,14	2029	2,08	11271	-0,36	1,2484	0,67	4045	0,20	4026	0,99	1	+	1	2,24	1	2,12	1
02.03.04	0,90	4054	0,89	10678	1,38	2057	0,80	11361	-0,42	1,2393	0,42	4071	0,07	4057	1,65	1	+	1	2,12	1	2,12	1
03.03.04	1,13	4100	-0,81	10591	-0,88	2039	-0,08	11351	-0,31	1,2162	-0,49	4080	-0,29	4088	-0,33	1	-	1	-2,12	1	-2,12	1
04.03.04	-0,70	4071	0,02	10593	-0,31	2033	0,44	11401	-0,16	1,2117	0,15	4077	0,22	4080	0,24	1	+	1	1,74	1	2,06	1
05.03.04	1,52	4133	-0,05	10588	1,07	2055	1,19	11537	0,00	1,2204	0,29	4145	0,07	4136	1,27	1	+	1	2,15	1	2,15	1
08.03.04	-0,17	4126	0,07	10595	-0,36	2047	-0,30	11502	0,04	1,2369	0,73	4156	0,12	4131	-0,02	0	-	0	-0,74	0	-0,74	0
09.03.04	0,46	4145	-0,62	10529	-1,90	2008	0,25	11532	-0,43	1,2369	-0,99	4104	-0,05	4143	1,40	0	-	0	-1,33	0	2,02	0
Richtige Prognosen																68		64		69		56
Prognosegenauigkeit																74%		70%		75%		61%

Quelle: Eigene Erstellung; Kurse von http://www.onvista.de

Legende: 1 – ja

0 – nein

Anlage 16: Wertetabelle 2 mit den Gewinnen

Datum	DAX 12.00 Uhr Veränderung ggü. Vortag in %	DAX 12.00 Uhr Punkte	DAX-Eröffnung Veränderung ggü. Vortag in %	DAX-Eröffnung Punkte	Veränderung DAX in Punkte	max. Veränderung mgl. Gewinn in DAX Punkte	Prognosen Regler A	Prognose richtig?	Geld verdient?	G/V in DAX Punkten	Ex-perte	Prognose richtig?	Geld verdient?	G/V in DAX Punkten	Regler B	Prognose richtig?	Geld verdient?	G/V in DAX Punkten	Regler C	Prognose richtig?	Geld verdient?	G/V in DAX Punkten	Wenn früh + dann + u. - dann -	G/V in DAX Punkten
27.10.03	1,57	3507	0,18	3459	48	48	0,93	1	1	48	-	0	0	-48	2,09	1	1	48	2,09	1	1	48	1	48
28.10.03	1,22	3560	0,40	3531	29	29	0,77	1	1	29	+	1	1	29	2,12	1	1	29	2,09	1	1	29	1	29
29.10.03	-0,53	3568	0,28	3597	-29	29	2,46	0	0	-29	+	0	0	-29	2,24	0	0	-29	2,09	0	0	-29	0	-29
30.10.03	-0,05	3613	0,14	3620	-7	7	-0,14	1	1	7	-	1	1	7	-0,02	1	1	7	-0,61	1	1	7	0	-7
31.10.03	-0,26	3630	0,00	3639	-9	9	-1,11	1	1	9	-	1	1	9	-2,50	1	1	9	-2,12	1	1	9	0	-9
03.11.03	1,78	3720	0,05	3657	63	63	0,42	1	1	63	+	1	1	63	0,89	1	1	63	1,71	1	1	63	0	63
04.11.03	-0,21	3737	-0,08	3742	-5	5	2,46	0	0	-5	+	0	0	-5	2,15	0	0	-5	2,06	0	0	-5	1	5
05.11.03	-0,89	3708	-0,11	3737	-29	29	-0,36	1	0	29	+	1	0	29	-1,84	1	0	29	2,02	0	0	29	1	29
06.11.03	0,00	3720	0,05	3719	1	1	-2,40	0	0	-1	-	0	0	-1	-2,21	0	1	-1	-2,06	0	0	-1	0	-1
07.11.03	1,51	3790	0,29	3744	46	46	0,77	1	1	46	+	1	1	46	2,12	1	1	46	2,12	1	1	46	1	46
10.11.03	-0,18	3775	-0,11	3778	-3	3	-1,18	1	1	3	-	1	1	3	-2,02	1	1	3	-2,02	1	1	3	1	3
11.11.03	-1,64	3720	-0,19	3739	-19	19	-2,49	1	1	19	-	1	1	19	-2,12	1	1	19	-2,02	1	1	19	0	-20
12.11.03	-0,51	3710	0,03	3730	-20	20	-0,20	1	1	20	-	1	1	20	-0,46	1	1	20	-2,02	1	1	20	0	-20
13.11.03	1,28	3796	0,21	3756	40	40	2,09	1	1	40	+	1	1	40	2,15	1	1	40	-2,02	0	0	40	1	40
14.11.03	0,40	3780	-0,35	3752	28	28	-1,40	0	0	-28	-	0	0	-28	-2,12	0	0	-28	-2,12	0	0	-28	1	-28
17.11.03	-2,53	3701	-0,13	3792	-91	91	-2,50	1	1	91	-	1	1	91	-2,15	1	1	91	-2,09	1	1	91	1	91
18.11.03	0,24	3683	0,52	3693	-10	10	0,86	1	1	10	-	0	0	10	2,15	1	1	10	-2,09	0	0	-10	0	-10
19.11.03	-1,56	3609	-0,19	3659	-50	50	-2,53	1	1	50	-	1	1	50	-2,18	1	1	50	-2,02	1	1	50	1	50
20.11.03	-1,42	3600	0,30	3663	-63	63	2,49	0	0	-63	+	0	0	-63	2,12	0	0	-63	2,12	0	0	-63	0	-63
21.11.03	0,13	3642	-0,03	3637	5	5	-0,46	0	0	-5	-	0	0	-5	-2,02	0	0	-5	-2,02	0	0	-5	0	-5
24.11.03	1,59	3700	0,00	3642	58	58	0,02	1	1	58	+	1	1	58	2,09	1	1	58	2,09	1	1	58	1	58
25.11.03	0,54	3757	0,19	3744	13	13	2,49	1	1	13	+	1	1	13	2,30	1	1	13	3,31	1	1	13	1	13
26.11.03	1,26	3780	-0,05	3731	49	49	1,05	1	1	49	+	1	1	49	2,24	1	1	49	2,12	1	1	49	0	-49
27.11.03	0,73	3742	0,70	3741	1	1	0,45	1	1	1	+	1	1	1	1,40	1	1	1	1,40	1	1	1	1	1
28.11.03	-0,37	3730	0,11	3748	-18	18	-0,45	1	1	18	-	1	1	18	-2,09	1	1	18	-2,09	1	1	18	0	-18
01.12.03	1,47	3800	0,19	3752	48	48	2,43	1	1	48	+	1	1	48	2,12	1	1	48	2,12	1	1	48	1	48
02.12.03	0,03	3820	0,05	3821	-1	1	0,80	1	0	-1	+	1	0	-1	2,21	1	0	-1	2,21	1	0	-1	0	-1

	DAX 12.00 Uhr		DAX-Eröffnung				Prognosen																	
Datum	Veränderung ggü. Vortag in %	Punkte	Veränderung ggü. Vortag in %	Punkte	Veränderung mgl. DAX in Punkte	max. Gewinn in DAX Punkte	Regler A	Prognose richtig?	Geld verdient?	G/V in DAX Punkten	Ex-perte	Prognose richtig?	Geld verdient?	G/V in DAX Punkten	Regler B	Prognose richtig?	Geld verdient?	G/V in DAX Punkten	Regler C	Prognose richtig?	Geld verdient?	G/V in DAX Punkten	Wenn früh + dann + u. - dann -	G/V in DAX Punkten
03.12.03	0,50	3828	-0,03	3808	20	20	-0,66	0	0	-20	-	0	0	-20	-2,06	0	0	-20	-2,02	0	0	-20	0	-20
04.12.03	-0,05	3873	-0,10	3871	2	2	0,77	0	1	2	+	0	1	2	-2,02	1	0	-2	-2,02	1	0	-2	0	-2
05.12.03	-0,44	3857	-0,46	3856	1	1	-0,46	1	0	-1	+	0	1	1	-2,06	1	0	-1	2,06	0	1	1	0	-1
08.12.03	-1,12	3798	-0,18	3834	-36	36	-2,49	1	1	36	-	1	1	36	-2,15	1	1	36	-2,15	1	1	36	1	36
09.12.03	1,02	3845	0,16	3812	33	33	1,93	1	1	33	+	1	1	33	2,09	1	1	33	2,09	1	1	33	1	33
10.12.03	-0,73	3818	-0,13	3841	-23	23	-2,12	1	1	23	-	1	0	23	-2,09	1	1	23	2,09	0	0	23	0	23
11.12.03	0,50	3839	0,34	3833	6	6	0,46	1	1	6	+	1	1	6	2,21	1	1	6	2,12	1	1	6	1	6
12.12.03	1,04	3898	0,16	3864	34	34	2,15	1	1	34	+	1	1	34	2,12	1	1	34	2,12	1	1	34	1	34
15.12.03	1,30	3910	0,16	3866	44	44	2,43	1	1	44	+	1	1	44	2,12	1	1	44	2,12	1	1	44	1	44
16.12.03	-0,65	3850	-0,34	3862	-12	12	-2,15	1	1	12	-	1	1	12	-2,02	1	1	12	2,12	0	0	12	0	12
17.12.03	-0,52	3845	0,13	3870	-25	25	-2,40	1	1	25	-	1	1	25	-2,12	1	1	25	-2,12	1	1	25	1	-25
18.12.03	0,00	3847	0,00	3847	0	0	0,27	0	0	0	+	0	0	0	0,89	1	0	0	-2,06	0	0	0	0	0
19.12.03	0,44	3887	0,28	3881	6	6	2,06	1	1	6	+	1	1	6	2,24	1	1	6	2,06	1	1	6	1	6
22.12.03	-0,13	3893	-0,18	3891	2	2	0,46	0	1	-2	+	0	1	-2	2,12	0	1	2	2,06	0	1	-2	0	-2
23.12.03	0,83	3908	0,21	3884	24	24	0,02	1	1	24	+	1	1	24	2,12	1	1	24	1,52	1	1	24	1	24
29.12.03	0,67	3929	0,10	3907	22	22	0,46	1	1	22	+	1	1	22	2,12	1	1	22	2,06	1	1	22	1	22
30.12.03	0,46	3970	0,13	3957	13	13	2,12	1	1	13	+	1	1	13	2,24	1	1	13	2,06	1	1	13	1	13
02.01.04	0,88	4000	0,10	3969	31	31	-0,99	0	0	-31	-	0	0	-31	-2,21	0	0	-31	-2,02	0	0	-31	1	31
05.01.04	0,02	4019	0,02	4019	0	0	1,24	1	1	0	+	1	0	0	2,05	1	0	0	-2,02	0	0	0	0	0
06.01.04	-0,74	4005	0,07	4038	-33	33	0,02	0	1	-33	+	0	1	-33	1,96	0	1	-33	-2,02	1	1	-33	0	-33
07.01.04	-0,22	4026	0,10	4039	-13	13	-0,46	1	1	13	=	1	1	13	2,06	1	1	13	2,06	1	1	13	0	13
08.01.04	1,15	4050	0,22	4013	37	37	0,77	1	1	37	+	1	1	37	2,12	1	1	37	2,12	1	1	37	1	37
09.01.04	-0,10	4041	0,35	4059	-18	18	1,33	0	0	-18	-	0	0	-18	2,12	0	0	-18	2,09	0	0	-18	0	-18
12.01.04	-0,40	4000	-0,15	4010	-10	10	1,58	0	0	-10	-	0	1	-10	-2,09	1	1	10	2,09	0	1	10	1	10
13.01.04	0,75	4025	0,28	4006	19	19	0,02	1	1	19	-	0	0	-19	-2,15	0	0	-19	2,15	1	1	19	1	19
14.01.04	0,73	4025	-0,08	3993	32	32	-0,33	0	0	-32	-	0	0	-32	-1,62	0	0	-32	2,02	1	1	-32	0	-32
15.01.04	-0,01	4055	-0,20	4047	8	8	-2,43	1	1	-8	-	1	0	-8	-2,09	1	0	-8	2,12	0	0	-8	0	-8
16.01.04	0,98	4108	0,54	4090	18	18	1,24	1	1	18	+	1	1	18	2,24	1	1	18	2,24	1	1	18	1	18
19.01.04	0,83	4145	0,00	4111	34	34	0,02	1	1	34	+	1	1	34	2,12	1	1	34	-1,99	0	0	34	0	-34

Datum	DAX 12.00 Uhr Veränderung ggü. Vortag in %	Punkte	DAX-Eröffnung Veränderung ggü. Vortag in %	Punkte	Veränderung ggü. DAX in DAX Punkte	max. mgl. Gewinn in DAX Punkte	Prognosen Regler A	Prognose richtig?	Geld verdient?	G/V in DAX Punkte?	Ex-perten	Prognose richtig?	Geld verdient?	G/V in DAX Punkte	Regler B	Prognose richtig?	Geld verdient?	G/V in DAX Punkte	Regler C	Prognose richtig?	Geld verdient?	G/V in DAX Punkte	Wenn früh + dann +	u. - dann	G/V in DAX Punkte
20.01.04	0,24	4149	0,05	4141	8	8	0,46	1	1	8	+	1	0	8	0,02	1	0	8	-2,33	0	0	8	1	1	8
21.01.04	0,58	4130	0,07	4109	21	21	-0,74	0	0	-21	-	0	0	-21	0,02	1	1	21	-2,33	0	0	21	1	1	21
22.01.04	0,00	4138	0,14	4144	-6	6	0,02	0	0	-6	+	0	0	-6	2,06	0	0	-6	2,02	0	0	-6	0	0	-6
23.01.04	0,51	4160	0,02	4140	20	20	0,02	1	0	20	+	1	1	20	2,21	1	1	20	2,02	1	1	20	1	1	20
26.01.04	+	+	0,02	4152	0	0	-0,74	0	0	0	-	0	0	0	-2,02	0	0	0	2,02	1	0	0	0	0	0
27.01.04	1,02	4170	0,31	4141	29	29	0,02	1	1	29	+	1	1	29	-0,02	0	0	-29	-2,06	0	0	29	0	0	29
28.01.04	0,39	4150	-0,24	4124	26	26	-1,96	0	0	-26	-	0	0	-26	-2,09	0	0	-26	-2,09	0	0	-26	0	0	-26
29.01.04	-0,96	4110	-0,80	4117	-7	7	-1,96	1	1	7	-	1	1	7	-2,09	1	1	7	-2,09	1	1	7	1	1	7
30.01.04	0,46	4114	0,27	4106	8	8	0,11	1	1	8	+	1	1	8	2,12	1	1	8	2,12	1	1	8	1	1	8
02.02.04	0,59	4082	0,10	4062	20	20	0,14	1	1	20	-	0	0	-20	-0,61	0	0	-20	2,06	1	1	20	1	1	20
03.02.04	-0,29	4059	0,07	4074	-15	15	-0,96	1	1	15	-	1	1	15	-2,15	1	1	15	-2,15	1	1	15	0	0	-15
04.02.04	-0,74	4027	-0,17	4050	-23	23	-0,46	1	1	23	-	1	1	23	-2,24	1	1	23	-2,24	1	1	23	1	1	23
05.02.04	-0,20	4020	-0,07	4025	-5	5	2,43	0	0	-5	-	1	1	5	-1,11	1	1	5	-2,06	0	0	-5	1	1	5
06.02.04	0,77	4045	0,17	4015	30	30	0,36	1	1	30	+	1	0	30	0,96	1	1	30	-2,06	0	0	30	1	1	30
09.02.04	1,29	4096	0,05	4051	45	45	0,02	1	1	45	+	1	0	45	-2,06	0	0	-45	-2,06	0	0	45	1	1	45
10.02.04	-0,12	4093	0,02	4100	-7	7	-0,02	1	1	7	-	1	1	7	-1,40	1	1	7	-2,09	1	1	7	0	0	-7
11.02.04	-0,05	4108	0,02	4111	-3	3	0,02	0	0	-3	+	0	0	-3	2,12	0	0	-3	2,06	0	0	-3	0	0	-3
12.02.04	0,44	4140	0,39	4138	2	2	1,99	1	1	2	+	1	1	2	2,09	1	1	2	2,09	1	1	2	1	1	2
13.02.04	-0,10	4117	0,00	4121	-4	4	0,77	0	0	-4	+	0	0	-4	2,09	0	0	-4	2,02	0	0	-4	0	0	-4
16.02.04	-0,05	4055	-0,07	4054	1	1	-0,46	1	0	-1	-	1	0	-1	-2,12	1	0	-1	-2,09	1	0	-1	0	0	-1
17.02.04	0,52	4091	0,07	4073	18	18	0,46	1	1	18	+	1	1	18	2,21	1	1	18	-2,09	0	0	18	1	1	18
18.02.04	0,27	4106	0,02	4096	10	10	0,02	1	1	10	+	1	1	10	1,46	1	1	10	-2,02	0	0	10	1	1	10
19.02.04	0,81	4128	0,10	4099	29	29	0,58	1	1	29	+	1	1	29	2,09	1	1	29	2,09	1	1	29	1	1	29
20.02.04	-0,19	4133	-0,41	4124	9	9	-0,30	1	0	-9	-	1	0	-9	-1,99	1	0	-9	2,02	0	0	-9	0	0	-9
23.02.04	0,37	4088	0,02	4074	14	14	0,55	1	1	14	-	1	0	14	2,06	1	0	-14	2,06	1	1	14	1	1	14
24.02.04	-1,28	4016	-0,02	4067	-51	51	-2,18	1	1	51	+	1	1	51	-1,99	1	1	51	-1,99	1	1	51	1	1	51
25.02.04	-0,25	3981	0,05	3993	-12	12	-0,20	0	1	12	+	0	0	-12	0,05	0	0	-12	0,05	0	0	-12	0	0	-12
26.02.04	0,38	4010	0,33	4008	2	2	1,84	1	1	2	+	1	1	2	2,12	1	1	2	2,12	1	1	2	1	1	2
27.02.04	0,95	4045	0,50	4027	18	18	0,02	1	1	18	+	1	1	18	1,84	1	1	18	1,84	1	1	18	1	1	18

	DAX 12.00 Uhr		DAX-Eröffnung				Prognosen																	
Datum	Verän-derung ggü. Vortag in %	Punk-te	Verän-derung ggü. Vortag in %	Punk-te	Verän-derung DAX in Punk-ten	max. mgl. Ge-winn in DAX Punk-ten	Reg-ler A	Prog-nose rich-tig?	Geld ver-dient?	G/V in DAX Punk-ten ?	Ex-per-te	Prog-nose rich-tig?	Geld ver-dient?	G/V in DAX Punk-ten	Reg-ler B	Prog-nose rich-tig?	Geld ver-dient?	G/V in DAX Punk-ten	Reg-ler C	Prog-nose rich-tig?	Geld ver-dient?	G/V in DAX Punk-ten	Wenn früh + dann + u. - dann -	G/V in DAX Punk-ten
01.03.04	0,67	4045	0,20	4026	19	19	0,99	1	1	19	+	1	1	19	2,24	1	1	19	2,12	1	1	19	1	19
02.03.04	0,42	4071	0,07	4057	14	14	1,65	1	1	14	+	1	1	14	2,12	1	1	14	2,12	1	1	14	1	14
03.03.04	-0,49	4080	-0,29	4088	-8	8	-0,33	1	1	8	-	1	1	8	-2,12	1	1	8	-2,12	1	1	8	1	8
04.03.04	0,15	4077	0,22	4080	-3	3	0,24	1	0	-3	+	1	0	-3	1,74	1	0	-3	2,06	1	0	-3	0	-3
05.03.04	0,29	4145	0,07	4136	9	9	1,27	1	1	9	+	1	1	9	2,15	1	1	9	2,15	1	1	9	1	9
08.03.04	0,73	4156	0,12	4131	25	25	-0,02	0	0	-25	-	0	0	-25	-0,74	0	0	-25	-0,74	0	0	-25	1	25
09.03.04	-0,99	4104	-0,05	4143	-39	39	1,40	0	0	-39	-	1	1	-39	-1,33	1	1	39	2,02	0	0	-39	1	39
Summen						1932		70	63	1054		66	64	962		71	62	954		58	58	1054	57	788
Genauigkeit								76%	68%			72%	70%			77%	67%			63%	63%		62%	

Quelle: Eigene Erstellung; Kurse von http://www.onvista.de

Legende: 1   ja

0   nein

G/V   Gewinn / Verlust

Anlage 17: Prozentuale Entwicklung der Indizes im Testzeitraum (27.10.03 - 09.03.04)

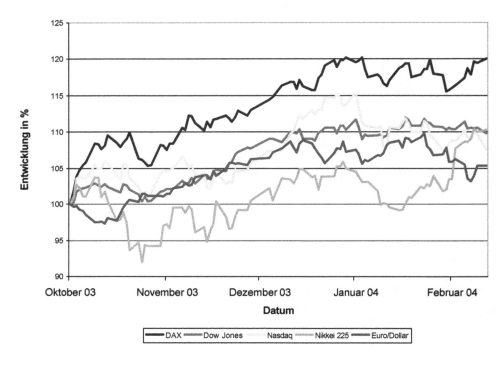

Quelle: Eigene Darstellung

Anlage 18: Beispiele für die Tagesvolatilität des DAX

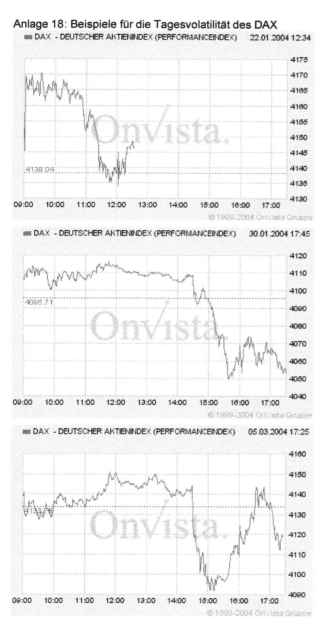

Quelle: http://www.onvista.de

www.ingramcontent.com/pod-product-compliance
Lightning Source LLC
La Vergne TN
LVHW042125070326
832902LV00036B/1068